Sprache und Sprechen

Arbeitsmittel zur Sprachförderung
in der Sekundarstufe I
(Gymnasium)

Herausgegeben von
Dorothea Ader, Johann Bauer,
Walter Henze

6. Schuljahr
Neubearbeitung 1981

Hermann Schroedel Verlag KG

SPRACHE UND SPRECHEN
Arbeitsmittel zur Sprachförderung
in der Sekundarstufe I (Gymnasium)
Neubearbeitung 1981

Herausgegeben von
Dorothea Ader, Johann Bauer, Walter Henze

Unter Mitwirkung von

Teil A: Klaus Pawlowski, Brigitte Ax, Renate Hollstein, Peter Lücke
Teil B: Walter Henze, Helmut Braun, Lisa Krüer,
Wolfgang Popp, Gerhard Wilts
Berater für das Gymnasium: Horst Strebe
Teil C: Johann Bauer, Klaus Berg, Hans Esch,
Hadwig Henze, Karlheinz Schaaf, Carsten Schlingmann
Teil D: Dorothea Ader, Karl-Dieter Bünting, Wolfgang Eichler,
Peter Kohrs, Axel Kress
Berater für das Gymnasium: Waltraud Albrecht
Teil E: Wolfgang Eichler, Jens Hinnrichs, Brigitte Stöber

Linguistische Beratung: Karl-Dieter Bünting

Illustrationen: Isolde Goldberg; Elisabeth Behnsen, S. 31, 39, 51, 73 oben, 75, 94, 102 unten, 103

Fotos: Burkhard Junghanß; Hartmut Rekort, S. 118, 119, 120; Esso-Foto, S. 116; Hans Reinhard © Toni Angermayer, S. 122; Weidenmüller/Zoa/Rekort/Otte/Reiter/Krämer, S. 134; Horst Müller, S. 76

(M) Mündlich = Mündlicher Sprachgebrauch als Lerninhalt außerhalb Teil A
(S) Schriftlich = Schriftlicher Sprachgebrauch als Lerninhalt außerhalb Teil B
(T) Textanalyse = Textanalyse als Lerninhalt außerhalb Teil C
(G) Grammatik = Grammatik als Lerninhalt außerhalb Teil D
(R) Rechtschreiben = Rechtschreibung oder Zeichensetzung als Lerninhalt außerhalb Teil E

ISBN 3-507-**54666**-3

© 1981 by Hermann Schroedel Verlag KG, Hannover

Alle Rechte vorbehalten. Die Vervielfältigung und Übertragung auch einzelner Textabschnitte, Bilder oder Zeichnungen ist — mit Ausnahme der Vervielfältigung zum persönlichen und eigenen Gebrauch gemäß §§ 53, 54 URG — ohne schriftliche Zustimmung des Verlages nicht zulässig. Das gilt sowohl für die Vervielfältigung durch Fotokopie oder irgendein anderes Verfahren als auch für die Übertragung auf Filme, Bänder, Platten, Arbeitstransparente oder andere Medien.

Druck   A $^{5\ 4\ 3\ 2\ 1}$ / Jahr   1985 84 83 82 81

Alle Drucke der Serie A sind im Unterricht parallel verwendbar.
Die letzte Zahl bezeichnet das Jahr dieses Druckes.

Satz und Druck: Konkordia GmbH für Druck und Verlag, Bühl/Baden

1. Miteinander sprechen

In der Pausenhalle   1.1.

Petra kennt Claudia nur flüchtig und möchte mit ihr ins Gespräch kommen.   1.1.1.
Wie könnte sie anfangen?

Sammelt Gesprächseinleitungen an der Tafel.   1.1.2.

Die Gesprächseinleitungen werden auf einzelne Zettel geschrieben. Je zwei   1.1.3.
Schüler ziehen einen Zettel und entwickeln mit Hilfe der jeweiligen Gesprächseinleitung ein Gespräch. (Tonband- oder Kassettenaufnahme!)

Bei welchen Gesprächsanfängen sind die Schüler nicht ins Gespräch gekom-   1.1.4.
men? Woran lag das?

Auch im Schwimmbad, auf dem Spielplatz oder bei anderen Gelegenheiten   1.1.5.
könntet ihr jemanden kennenlernen wollen. Probiert entsprechende Gesprächseinleitungen und Gespräche aus.

1.2. Die richtige Wellenlänge

1.2.1. Felix, Dietmar und Petra sind unterschiedlicher Stimmung. Versetzt euch in die Lage der Kinder, und beschreibt ihre Situation.

Stellt euch vor, ihr wollt Felix, Dietmar oder Petra bitten, mit euch am Nachmittag für eine Mathearbeit zu üben.
Wie müßt ihr die drei jeweils ansprechen, und wie müßt ihr im Gespräch verfahren, damit ihr euer Ziel erreicht?
Bildet Arbeitsgruppen, und diskutiert diese Fragen zur Vorbereitung der drei Gespräche.
    1.2.2.

Drei Schüler übernehmen anschließend die Rollen von Felix, Dietmar und Petra; drei andere Schüler versuchen, ein für sie erfolgreiches Gespräch mit Felix, Dietmar und Petra zu führen. Nehmt die Gespräche auf Tonband auf.
    1.2.3.

Erörtert nach den Gesprächen, warum manche Gesprächspartner nicht ihr Ziel erreichten. (Hilfe: Tonband- oder Kassettenaufnahme!)
    1.2.4.

Gespräche basteln

1.3.
1.3.1.

Drei bis vier Gruppen überlegen sich unabhängig voneinander, was sie mit diesen Äußerungen anfangen können.
    1.3.2.

Folgende Bedingungen gelten:
- Die Äußerungen sollen gesprochen werden.
- Es darf nichts hinzugefügt werden.
- Ihre Reihenfolge muß beibehalten werden.

Wie die Äußerungen auf die Sprecher verteilt und wie oft sie wiederholt werden, bleibt den Gruppen überlassen.

Ihr werdet zu verschiedenen Lösungen gekommen sein. Unterhaltet euch mit anderen Gruppen über die unterschiedlichen Ergebnisse und ihre Entstehung.
    1.3.3.

A2 2. Wie spricht man das?

2.1. Hänschens Launen

2.1.1. In welcher Stimmung ist Hans?
Welche Zeichnung stellt Hans traurig dar?
Welche zeigt ihn überlegen, zufrieden, fröhlich, nachdenklich, wütend, überrascht, verzweifelt, böse, verlegen?

2.1.2. Hans spricht mit seinem Bruder Andreas:

Hans: Ich hab' meine Schularbeiten fertig. Ich geh' jetzt zum Baden. Kommst du mit?

Andreas: ...

Hans: Was hast du da raus? Ein Gartenzaun ... 21 Kilometer lang?

Andreas: ...

Hans: Na, laß mich das mal machen. Was ihr da in der fünften Klasse in Mathe macht, werd' ich ja wohl noch können.

Andreas: ...

Hans: Also: Ein rechteckiger Garten ist 750 m² groß und 30 m lang. Wie lang ist der Gartenzaun? ... 750 m² ... 30 m lang ... da muß man ... warte mal ... also ...

Andreas: ...

Hans: Ne, gar nicht so einfach. Weiß du, das ist schon ziemlich lang her. Vielleicht hab' ich da auch gefehlt.

Andreas: ...

Hans: Was bin ich? Ein Angeber und in Mathe 'ne totale Null? Sag' das noch mal!

Andreas: ...

Hans: Ich will dir mal was sagen, du Blödmann: Du kannst deinen Mist selber machen. Und zum Baden geh' ich jetzt allein! Ist das klar?!

Zeichnungen in dieser Lerneinheit: *Johannes Brockerhoff.* In: Quatsch. Bilder, Reime und Geschichten. Zusammengestellt von *Renate Boldt* und *Uwe Wandrey.* Weckbuch 2 für Kinder. Rowohlt Taschenbuch Verlag. Reinbek 1974, S. 82.

- Was sagt Andreas in diesem Gespräch?
- Welche Stimmungen kommen in den Äußerungen von Hans zum Ausdruck? Ordnet die entsprechenden Zeichnungen den Äußerungen zu.
- Spielt das Gespräch. Ihr braucht den Text nicht wörtlich abzulesen. Macht Tonbandaufnahmen.
- Überprüft beim Abhören, ob ihr die Stimmungen richtig ausgedrückt habt.
- Sammelt die sprecherischen Merkmale für die einzelnen Stimmungen an der Tafel, z. B.: Stimmhöhe, Stimmklang, Lautstärke, Sprechtempo, Pausen (viele? wo?), Aussprache (deutlich?).

Gruppenarbeit: 2.1.3.

- Erfindet ein Gespräch, in dem Hans in diese drei Stimmungen gerät. Die vierte Karte ist ein „Joker": Ihr könnt aus den sieben anderen „Stimmungsbildern" eins hinzuwählen.
- Spielt das Gespräch vor.

Verwendet die zehn Zeichnungen als Lose. Ein Schüler zieht ein Los und versucht, einen der folgenden Sätze in der verlangten Stimmung zu sprechen: 2.1.4.

a) „Das ist ja zum Kaputtlachen."
b) „Oh, morgen ist Dienstag. Da kommt die Erdkundearbeit."
c) „Jetzt hast du mein Fahrrad kaputtgemacht."

An welche Situationen denkt ihr, wenn ihr das so sprecht?

A2

2.2. **Hauchte, wetterte, sprach, brüllte** Josef Guggenmos
(T)
      Gestern abend, sprach er.
      Es war schon dunkel, erzählte er.
      Wollte ich zu meinem Schwager, berichtete er.
      Aber in dem Fliederbusch vor seinem Haus, raunte er.
      Sah ich etwas glühen, zischte er.
      Zwei grüne Augen, keuchte er.
      Da lauerte ein Gespenst, schrie er.
      Ich —, stieß er hervor.
      Auf und davon wie der Blitz! gestand er.
      Da hättest du auch Angst gehabt, behauptete er.
      Nun haben sie ohne mich Geburtstag gefeiert, jammerte er.
      Es war bestimmt sehr lustig, schluchzte er.
      Aber das nächste Mal, knurrte er.
      Nehme ich einen Prügel mit, drohte er.
      Und dann haue ich es windelweich, verkündete er.
      Dieses freche, böse, hinterhältige, gemeine . . ., brüllte er.
      Hoffentlich hat es das nicht gehört, hauchte er.
      Aber untertags schläft es, versicherte er.
      Wahrscheinlich, meinte er.
      Dieses verdammte Gespenst, wetterte er.
      Oder war es eine Katze? fragte er.

      Das kann gut sein, sagte ich.

2.2.1. — Lest euch den Text durch.
      Jede Zeile wird auf andere Weise gesprochen.
    — Versucht, diese Unterschiede sprecherisch auszudrücken.
      Einige Sprechweisen haben ganz ähnliche Merkmale.

2.2.2. — Sprecht den Text mit verteilten Rollen: einer als Sprecher, einer als Erzähler.
    — Tragt euren Versuch der Klasse vor. Macht eine Tonbandaufnahme.

Aus: *Josef Guggenmos:* Wenn Riesen niesen. Verlag C. Ueberreuter. Wien 1980.

A2

Ein Hörspiel 2.3.

Eines Tages spielen Claudia, Ingo und Kerstin wieder in der verlassenen Fabrik. Sie dürfen das eigentlich nicht, aber das alte Gemäuer ist zu interessant. Da sind sie schon:

Claudia (von weit):	He, kommt mal her!
Kerstin:	Wo bist du?
Claudia:	Hier unter der Treppe.
Kerstin (zu Ingo):	Komm, Ingo, Claudia hat was gefunden.
Ingo (angestrengt):	Gleich. Muß nur noch diesen Bolzen losschrauben. Hilf mal.
Kerstin (zu Ingo):	Das geht aber schwer.
Kerstin (zu Claudia):	Wir kommen gleich.
Ingo:	So, prima. Los, zu Claudia.
(Man hört sie durch die Halle laufen.)	
Ingo (außer Atem):	Was hast du denn so Tolles?
Claudia:	Guckt mal, das Schild da.
(Plötzlich hört man schwere Schritte, noch entfernt.)	
Kerstin (flüsternd):	Pst, da kommt wer.
(Die Schritte kommen näher, dazu ein schleifendes Geräusch.)	
Ingo:	Wer mag das sein?

Probiert das Hörspiel zunächst bis hierher aus. Natürlich mit dem Tonbandgerät 2.3.1.
oder dem Kassetten-Recorder.
Achtet beim Abhören auf folgendes:
- Seid ihr gut zu verstehen? (Habt ihr langsam genug gesprochen? War eure Aussprache deutlich? Stand das Mikrofon richtig?)
- Sind die unterschiedlichen Entfernungen hörbar geworden?
- Habt ihr so gesprochen, wie es die Regieanweisungen verlangen (von weit, angestrengt, außer Atem)?
- Hören sich die Geräusche echt an?

Wie geht die Geschichte weiter? 2.3.2.
Bildet Fünfergruppen:
- Entwerft eine Fortsetzung des Hörspiels. Sie sollte nicht länger als fünf Minuten sein.
- Nehmt sie mit dem Tonbandgerät auf.
- Spielt sie der Klasse vor.

A3

3. Texte sprechen
(→ C 1, C 2, C 5)

3.1. Zum Vorlesen vorbereiten (→ C 4.3., E 8.3.)

Oma möchte gern wissen, ob ihre Enkelkinder in der Schule erfolgreich sind.
Stolz berichtet Sabine: „Ich bin die erste in Mathe."
Auch Lars kann stolz sein: „Ich bin der erste im Sport."
Oma sieht den kleinen Heiner an: „Na, Heinerle, und du?"
Heiner strahlt: „Omi, ich bin der erste auf dem Schulhof, wenn es zur Pause klingelt."

3.1.1. *Erster Vorbereitungsschritt: Einteilung in Sinnschritte*

Ein Sinnschritt ist eine gedankliche Einheit. Man spricht ihn, ohne zwischendurch einzuatmen, also auf einen Atembogen. Nach jedem Sinnschritt macht man beim Sprechen eine Pause, in der man wieder einatmen kann.
Schreibt den Text so, daß jeder Sinnschritt eine Zeile bildet:
    Oma möchte gern wissen,
    ob ihre Enkelkinder in der Schule erfolgreich sind.
Beim Vorlesen überschaut ihr einen Sinnschritt, prägt euch den Inhalt ein, hebt den Kopf, seht eure Zuhörer an und sprecht den Sinnschritt im Zusammenhang. Während ihr sprecht, überschauen eure Augen die nächste Zeile usw.

3.1.2. *Zweiter Vorbereitungsschritt: Stimmführung*

Markiert am Ende eines Sinnschrittes, ob die Stimme oben bleibt oder fällt:
    Oma möchte gern wissen, /
    ob ihre Enkelkinder in der Schule erfolgreich sind. \

3.1.3. *Dritter Vorbereitungsschritt: Pause*

Es gibt auch innerhalb eines Sinnschrittes Pausen. Markiert sie mit einem kleinen Strich:
    Na, Heinerle, ' und du ?

3.1.4. *Vierter Vorbereitungsschritt: Betonungen*

In jedem Sinnschritt ist eine Silbe besonders stark betont.
Markiert sie so: • Alle anderen Betonungen markiert ´
    Óma möchte gern wíssen,
    ob ihre Énkelkinder in der Schúle erfolgreich sind.

3.1.5.
Lest den kleinen Text so vor, wie ihr ihn notiert habt. (Tonbandaufnahme)
Vergleicht die Aufnahme mit der Textnotierung.

A3

Ein Lied hinterm Ofen zu singen

Matthias Claudius 3.2.
(T)

Der Winter ist ein rechter Mann,
kernfest und auf die Dauer.
Sein Fleisch fühlt sich wie Eisen an
und scheut nicht süß noch sauer.

War je ein Mann gesund wie er?
Er krankt und kränkelt nimmer,
er trotzt der Kälte wie ein Bär
und schläft im kalten Zimmer.

Er zieht sein Hemd im Freien an
und läßt's vorher nicht wärmen
und spottet über Fluß im Zahn
und Grimmen in Gedärmen.

Aus Blumen und aus Vogelsang
weiß er sich nichts zu machen,
haßt warmen Drang und warmen Klang
und alle warmen Sachen.

Doch wenn die Füchse bellen sehr,
wenn's Holz im Ofen knistert
und um den Ofen Knecht und Herr
die Hände reibt und zittert,

wenn Stein und Bein vor Frost zerbricht
und Teich und Seen krachen,
das klingt ihm gut, das haßt er nicht,
dann will er tot sich lachen.

Sein Schloß von Eis liegt ganz hinaus
beim Nordpol an dem Strande,
doch hat er auch ein Sommerhaus
im lieben Schweizerlande.

Da ist er denn bald dort, bald hier,
gut Regiment zu führen.
Und wenn er durchzieht, stehen wir
und sehn ihn an und frieren.

Aus: *Matthias Claudius:* Sämtliche Werke des Wandsbeker Boten. Cotta Verlag. Stuttgart 1966, S. 289/290 (geändert).

Lest euch das Gedicht still durch. 3.2.1.

Bereitet das Gedicht zum Vorlesen vor: 3.2.2.

Macht euch dabei klar: Was will der Sprecher ausdrücken? Was will er beim Zuhörer bewirken?
a) Sinnschrittgliederung: Häufig entspricht eine Zeile des Gedichtes einem Sinnschritt. Welche Sinnschritte sind kürzer, welche länger als eine Zeile? Markiert sie! Wie muß man sie sprechen?
b) Stimmführung: Markiert, ob an den Sinnschrittgrenzen die Stimme steigt oder fällt.
c) Betonungen: In jedem Sinnschritt wird ein Wort besonders hervorgehoben. Bearbeitet das Gedicht entsprechend. Probiert unterschiedliche Betonungen aus.
d) An einigen Stellen findet ihr besonders auffällige Lautverbindungen, z. B.: „Er krankt und kränkelt nimmer." Was drücken sie aus? Wie müssen sie gesprochen werden?

Sprecht das Gedicht vor der Klasse (Tonbandaufnahme). 3.2.3.
Vergleicht die Tonbandaufnahme mit der Textnotierung.

3.3. Das Feuer
(T)

James Krüss

Hörst du, wie die Flammen flüstern,
Knicken, knacken, krachen, knistern,
Wie das Feuer rauscht und saust,
Brodelt, brutzelt, brennt und braust?

Siehst du, wie die Flammen lecken,
Züngeln und die Zunge blecken,
Wie das Feuer tanzt und zuckt,
Trockne Hölzer schlingt und schluckt?

Riechst du, wie die Flammen rauchen,
Brenzlig, brutzlig, brandig schmauchen,
Wie das Feuer, rot und schwarz,
Duftet, schmeckt nach Pech und Harz?

Fühlst du, wie die Flammen schwärmen,
Glut aushauchen, wohlig wärmen,
Wie das Feuer, flackrig-wild,
Dich in warme Wellen hüllt?

Hörst du, wie es leiser knackt?
Siehst du, wie es matter flakt?
Riechst du, wie der Rauch verzieht?
Fühlst du, wie die Wärme flieht?

Kleiner wird der Feuersbraus:
Ein letztes Knistern,
Ein feines Flüstern,
Ein schwaches Züngeln,
Ein dünnes Ringeln —
Aus.

Aus: *James Krüss:* Der wohltemperierte Leierkasten. 12 mal 12 Gedichte für Kinder, Eltern und andere Leute. Bertelsmann Verlag. Gütersloh 1961.

3.3.1. Lest euch das Gedicht durch.
Überlegt, wie ihr es vortragen wollt.
Sprecht es vor der Klasse.

Fragen an die Zuhörer:
− Hättet ihr das Gedicht auch so gesprochen?
− Was hättet ihr anders gemacht? Begründet das, und lest es entsprechend vor.

3.3.2. Euch ist sicher aufgefallen, daß in diesem Gedicht bestimmte Lautverbindungen eine wichtige Rolle spielen. Sie lassen uns das Brennen des Feuers nachempfinden. Durch welche Laute wird das Feuer in den einzelnen Strophen beschrieben? Versucht, die Strophen so zu sprechen, daß die verschiedenen Eindrücke hörbar werden.
Beachtet beim Sprechen aber auch:
− Wo ändern sich die Lautstärke und das Sprechtempo?
− Wo muß man größere Pausen machen?
Gerade beim Sprechen dieses Gedichtes ist es wichtig, seine Zuhörer anzusehen!

3.3.3. Vorschlag: Erarbeitet eine Sprechfassung des Gedichtes in Sechser-Gruppen, und tragt es dann so vor, daß jeder eine Strophe spricht.

4. Wir spielen Theater

Spiele ohne Worte

Gesichter

Alle sitzen im Kreis. Ein Spielleiter bestimmt, was die anderen mit ihrem Gesicht ausdrücken sollen, z. B. Freude, Wut, Schläfrigkeit, Ekel, Fröhlichkeit.

Masken werfen

Alle sitzen im Kreis. Der erste Spieler fährt sich mit einer Hand langsam von unten nach oben über das Gesicht und läßt dabei hinter der Hand eine Maske entstehen. Dann fährt er ebenfalls langsam mit der Hand von oben nach unten über das Gesicht und läßt die Maske verschwinden: Er hat seine Maske abgenommen. Jetzt „wirft" er sie einem anderen zu, der sie sich aufsetzt. Er tut das, indem auch er von unten nach oben über das Gesicht streicht. So kann nun die Maske über einige Stationen weitergegeben werden. Dann bildet einer aus dem Kreis eine neue Maske!

Scharaden

Die Klasse teilt sich in zwei Gruppen. Jede Gruppe überlegt sich sechs zusammengesetzte Nomen (z. B.: Eisbein, Spiegelei, Brillenschlange, Hosenträger) und schreibt sie auf je einen Zettel. Ein Mitglied der Gruppe A zieht bei Gruppe B einen Zettel und zeigt der Gruppe B, was darauf steht. Es versucht, das Wort seiner eigenen Gruppe vorzuspielen, jeden Teil des zusammengesetzten Wortes einzeln. Bestimmt die Zeit, in der das Wort erraten werden muß.

Stumme Szenen

Spielt ohne Worte folgende Szenen vor:
a) Der Zahnarzt zieht einen Zahn.
b) Ein spannendes Tennis- oder Tischtennismatch.
c) Drei Kinder bauen einen Schneemann.
d) Morgens im vollen Bus. Vorsicht bei Kurven und Notbremsungen!
e) Hilfe! Der Weihnachtsbaum brennt.

Für die Zuschauer:
— Was habt ihr gesehen? Berichtet genau!
— Was hat euch besonders gut gefallen?
— Was wurde eurer Meinung nach falsch dargestellt?

A₄

(T)

4.2. Bildergeschichten spielen

4.2.1 Bildet Gruppen. Besprecht, wie ihr diese Geschichte darstellen wollt. Verteilt die Rollen: Was sollen die Spieler sagen? Wie teilt ihr den Spielraum auf?

Aus: *E. O. Plauen:* Vater und Sohn. Bd. II. © Südverlag GmbH. Konstanz 1962 (ren). Mit Genehmigung der Gesellschaft für Verlagswerte GmbH., Kreuzlingen/Schweiz.

Nach einigen Proben führt jede Gruppe ihr Spiel der Klasse vor. (→ B 10)	4.2.2.

Beobachtungsaufgaben für die Zuschauer: 4.2.3.
- Gibt das Spiel den Verlauf der Bildergeschichte richtig wieder?
- Werden die Gefühle der Personen überzeugend dargestellt (in der Bewegung, in der Sprache)?
- Wurde der Spielraum richtig aufgeteilt und ausgenutzt?
- Welches Spiel hat euch am besten gefallen?

Erarbeitet eine Fassung, die ihr auf einem Elternabend oder vor einer anderen Klasse vortragen könnt. 4.2.4.

Sucht noch andere Bildergeschichten aus, und bereitet Spiele vor. 4.2.5.

Der gespielte Witz 4.3.

Der Löwe brüllt ein Zebra an: „Wer bin ich?" 4.3.1.
Zitternd antwortet das Zebra: „Der König der Tiere!"
Zufrieden geht der Löwe weiter. Dann faucht er eine Gazelle an: „Wer bin ich?"
Auch die Gazelle antwortet vor Angst halb tot: „Der König der Tiere!"
Dann brüllt der Löwe einen Elefanten an: „Wer bin ich?"
Der Elefant hebt ihn mit dem Rüssel hoch und schleudert ihn in die nächste Dornenhecke.
Sagt der Löwe kleinlaut: „Man wird doch wohl mal fragen dürfen."

Dies ist ein Beispiel für einen Witz, den man gut spielen kann. Allerdings bietet er nur ein Spielgerüst.
Ihr müßt ihn durch die Art eures Sprechens und durch Bewegungen so gestalten, daß die Zuschauer erkennen, um welche Tiere es sich handelt. Nur, wenn ihr die ersten beiden Begegnungen des Löwen richtig spielt, wird das Ende wirklich witzig.

Auch diesen Witz könnt ihr spielen: 4.3.2.

Ein junger Mann trägt einer alten Dame das schwere Einkaufsnetz die Treppen hinauf. Oben angekommen, sagt die Dame: „Rauchen Sie?"
„Ja", antwortet der junge Mann erwartungsvoll.
„Das dachte ich mir. Deshalb schnaufen Sie auch so beim Treppensteigen."

Überlegt euch mit einem Partner oder in Gruppen andere Witze, die ihr zu einem Spiel umarbeiten könnt. 4.3.3.

A5 5. Einfälle haben

5.1. **Geschichtenerzähler** (→ B 10)

5.1.1. Sechs Wörter aus einem bestimmten Bereich (z. B. Zoo, Gespensterschloß, Bergbesteigung) werden an der Tafel gesammelt. Ein Schüler versucht, mit Hilfe dieser sechs Wörter eine zusammenhängende Geschichte zu erzählen. Andere Schüler probieren es nacheinander mit anderen Stichwörtern. Die Reihenfolge ist nicht festgelegt. Die beste Geschichte kann anschließend prämiert werden.

5.1.2. Ein Schal wird zu einem Knäuel gebunden. Der Lehrer oder ein Schüler wirft dieses Knäuel einem anderen Schüler zu. Dieser muß den Anfang einer Geschichte erfinden (zwei Sätze) und danach das Knäuel an einen Schüler weitergeben, der die Geschichte weiterspinnen soll. (Wieder zwei Sätze . . .)

5.2. **Jeder sein eigener Erfinder**

Überlegt, was man eigentlich alles erfinden könnte, um einem Schüler im 6. Schuljahr das Leben zu erleichtern. (Vielleicht einen Vokabelcomputer, der euch die Vokabeln ins Ohr flüstert . . .) Beschreibt möglichst genau, wie euer Gerät funktionieren soll, und begründet, warum es so nützlich ist.
Ihr könnt eure Erfindungen auch zeichnen und für andere Schüler/Klassen ausstellen.

5.3. **Je länger — je lieber**

Die Klasse teilt sich in zwei Gruppen.
Ein Schüler der ersten Gruppe sagt das erste Wort eines Satzes, der neben ihm sitzende Schüler wiederholt das Wort und führt dann den Satz mit einem zweiten Wort weiter. Dies wird so lange fortgesetzt, bis der Satz ein Ende gefunden hat. Die Wörter werden gezählt. Dann kommt die zweite Gruppe an die Reihe. Die Gruppe hat gewonnen, die den längsten Satz bilden konnte.

Arche Noah

5.4.

Stellt euch vor, Noah hätte außer für seine Tiere und ein Menschenpaar nur noch einen Platz frei für einen weiteren Menschen, der so bedeutende Aufgaben erledigen kann, daß er beim Aufbau einer neuen Welt unbedingt gebraucht wird.
Man muß Noah die Wichtigkeit dieses Menschen jedoch erst klarmachen: Vier Schüler suchen sich je einen Beruf aus und setzen sich einander zugewandt auf vier Stühle. Die Klasse sitzt im Kreis darum herum. Die vier Schüler diskutieren im Gespräch, warum der eine oder der andere mitgenommen werden muß. Die Klasse entscheidet darüber, welcher Begründungsversuch geschickt, welcher ungeschickt war und wer mit Noah die Arche besteigen darf. Das Spiel wird so lange fortgesetzt, bis nur noch eine Person im Kreis sitzt. Diese kann dann mit Noah die Arche betreten.

5.4.1.

Statt der Berufe könnt ihr auch Persönlichkeiten wählen (z. B. Politiker, Filmstars, Sänger, Sportler).

5.4.2.

A6 6. Aufrufe zum Handeln
(→ B 7)

6.1. Ein Pausenhof. Gefällt er euch?

6.2. Und euer Pausenhof?

6.2.1. Besprecht in Gruppen, z. B.
- Wie sieht euer Pausenhof aus?
- Was habt ihr daran auszusetzen?
- Welche Möglichkeiten soll euch euer Pausenhof bieten?
- Was müßte also geändert und ergänzt werden?

6.2.2. Stellt gemeinsam eine Liste der besten Ideen zusammen.
(S)

6.2.3. Wenn ihr noch mehr Meinungen und Vorschläge zu diesem Thema sammeln wollt, könnt ihr Mitschüler aus anderen Klassen befragen. Überlegt euch vorher in Gruppen die Fragen, die ihr stellen wollt. Jede Gruppe führt Befragungen mit einem Kassetten-Recorder durch und wertet die Antworten aus:
- Welche Kritikpunkte und welche Vorschläge sind neu?
- Berichtet der Klasse.
- Ergänzt eure eigene Liste.

6.2.4. Fertigt eine Planungsskizze an.

A6

Wenn ihr euren Pausenhof verändern wollt, könnt ihr das nicht allein tun. Ihr braucht eine Genehmigung, ihr braucht Geld und viele fleißige Helfer.	6.3.
Überlegt euch, an wen ihr euch mit euren Vorschlägen wenden müßt.	6.3.1.
Was könnten diese Personen gegen euer Vorhaben einwenden? Wie könnte man diese Einwände entkräften?	6.3.2.
Was könnten diese Personen für das Vorhaben tun?	6.3.3.
Gruppenarbeit: Formuliert eure Kritik und eure Vorschläge so, daß ihr sie in einer kleinen Rede den verschiedenen Personen vortragen könnt.	6.4.

Ihr könnt eure Rede nach folgenden Leitfragen aufbauen: 6.4.1.
— Wie sieht unser Pausenhof aus?
— Was gefällt uns daran nicht?
— Was für einen Pausenhof wollen wir haben?
— Was könnte dagegen eingewendet werden, und wie könnte man die Einwände entkräften?
— Wie kann unser Plan verwirklicht werden?

Überlegt euch auch, wie ihr die Personen anreden müßt.
Fertigt einen Stichwortzettel an.

Jede Gruppe wählt einen Sprecher, der die Rede vor der Klasse hält. Welche Reden eignen sich zum Vortrag vor der Schulleitung, vor dem Schülerrat usw.?	6.4.2.
Könnt ihr die Reden noch verbessern?	6.4.3.

Viel Erfolg für euer Unternehmen „Pausenhof"!

6.5. Vielleicht sind euch andere Themen wichtiger. Diese Bilder sollen euch zu anderen Aktionen anregen, die ähnlich ablaufen könnten:

7. Probleme besprechen

Die erste Fete in der 6d   7.1.

Stellt euch vor, ihr wäret bei dieser Fete dabeigewesen und würdet euren Freunden davon berichten.   7.1.1.

7.1.2. Hat jeder dasselbe berichtet?
Wie kommt es zu den Unterschieden?

7.1.3. Damit ihr bei eurer nächsten Fete nicht die gleichen Probleme habt, müßt ihr euch über die einzelnen Fehler der 6d klarwerden.
Besprecht, wie man sie vermeiden kann. Vielleicht wird eure Fete dann für alle lustiger. (→ B 4)

7.2. Auch die 6d hat über die mißlungene Fete geredet.
Das ging etwa so:

Anne: Ich fand blöd, daß so wenig zu trinken da war.
Björn: Kein Wunder, du säufst ja auch so viel.
Anne: Ich? Der fette Tobias hat mindestens drei Flaschen alleine ausgetrunken.
Tobias: Du lügst. Ihr habt zuwenig bestellt, ihr Blödmänner.
Katja: Ach, Tobi, dein Durst . . . Wißt ihr noch, beim letzten Wandertag . . .
Klaus: Ruhe, so kommen wir doch nicht weiter. Wer hat denn eigentlich die Getränke besorgt?
Renate: Peters Vater.
Peter: Der hat so viel besorgt, wie wir besprochen hatten.
Brigitte: Ich war nicht dabei, mich hat keiner gefragt.
Peter: Interessiert doch keinen.
. . .

7.2.1. Ob die Klasse wohl zu einem Ergebnis kommt?
Was gefällt euch an diesem Gespräch, was gefällt euch nicht?

7.2.2. Erinnert euch an euer Gespräch über die Fetenprobleme.
Verlief es manchmal ähnlich?

7.3. **Meckerstunde**

In eurer Klasse gibt es sicher ähnliche Probleme, über die ihr einmal sprechen wollt. Versucht es.

8. Sich bedanken

Danke!   8.1.

Seht euch die Bilder genau an, und erklärt die Situationen.
- Wie hättet ihr euch bedankt?
- Welchen Dank hättet ihr erwartet?
- Probiert jeweils mehrere Möglichkeiten aus.
- Warum drücken die einzelnen Personen ihren Dank unterschiedlich aus?

A8

8.2. **Danke?**

a) Axel bekommt von seinem Tischnachbarn eine Tintenpatrone, um die er gebeten hat.
b) Rita bekommt von ihrer Oma immer wieder Puppenkleider geschenkt. Dabei spielt sie schon lange nicht mehr mit Puppen.
c) Frau Rank holt ihre Tochter vom Volleyballtraining ab. Sie nimmt auch Inga mit und fährt sie nach Hause. Frau Rank nimmt dabei einen erheblichen Umweg auf sich.
d) Lars hatte sich zum Geburtstag einzig und allein ein Rennrad gewünscht. Nun hat er von seinen Eltern eine Lokomotive und Schienen für seine Modelleisenbahn bekommen.
e) Karla hat ihren Sportbeutel verloren. Petra hat ihn gefunden und gibt ihn bei Karla ab. Karla kann Petra eigentlich gar nicht leiden.

8.2.1. Bildet Gruppen! Besprecht, in welchen Situationen ihr euch bedanken würdet, und begründet eure Entscheidung.
Wie würdet ihr gegebenenfalls euren Dank ausdrücken?

8.2.2. Führt nun einzelne Situationen im Rollenspiel vor. (Tonbandaufnahmen)
Die Zuschauer bewerten:
— Ist die Situation wirklichkeitsnah dargestellt?
— Ist der Dank übertrieben, zu knapp oder angemessen ausgedrückt?
— Kann die Person mit dem Dank, den sie erhalten hat, zufrieden sein?

8.2.3. Berichtet über Situationen, in denen ihr Schwierigkeiten hattet, euch zu bedanken.

9. Sich nicht ausfragen lassen

A9

Seht euch die Bilder genau an, und besprecht die Situationen. 9.1.

A9

9.1.1. In jeder Situation will eine Person von einer anderen etwas wissen.
– Welches Interesse könnten die Personen mit ihren Fragen verfolgen?
– In welchen Situationen würdest du bereitwillig antworten?
– In welchen Situationen würdest du nicht gerne antworten?
Begründe jeweils deine Entscheidung.

9.1.2. Bereitet Rollenspiele vor, in denen ihr zeigt, wie ihr euch in den Situationen verhalten würdet.

9.2. Was soll Axel sagen?

Axels Vater wurde der Führerschein entzogen. Axel soll darüber nicht sprechen. Er selbst möchte auch nicht gern, daß das jeder erfährt. Einige Personen wollen Axel ausfragen.

Auf der Treppe fragt die Nachbarin, Frau Krause:
„Deine Mutter sitzt ja jetzt ständig am Steuer. Dein Vater hat wohl das Autofahren verlernt?"

Beim Zeitungholen fragt Herr Wettig, der Kioskbesitzer:
„Na, Axel, was macht denn dein Vati? Er kam doch sonst immer mal vorbei und holte sich seine Sportzeitung. Wir haben dann immer so nett geplaudert. Was ist denn nur los?"

Hinter der Straßenecke wartet Karl-Heinz, der ältere Nachbarssohn:
„Warum fährt denn dein Alter nicht mehr Auto? Los sag schon, oder wir nehmen dich mal richtig auseinander!"

9.2.1. – Warum wollen wohl Frau Krause, Herr Wettig und Karl-Heinz Axel ausfragen?
– Wie versuchen sie, das herauszubekommen, was sie wissen wollen?
– Wie soll sich Axel eurer Meinung nach verhalten?

9.2.2. Entwickelt aus diesen Anfängen Gespräche, und führt sie vor.

9.3. Wie man sich wehren kann

Hier findet ihr drei Möglichkeiten, wie man sich wehren könnte:

a) Schroff zurückweisen („Das geht Sie gar nichts an.")
b) Freundlich ausweichen („Es tut mir leid, aber ich habe es eilig.")
c) Höflich zurückweisen („Ich möchte darüber nicht sprechen.")

A9

Sprecht darüber, wann die einzelnen Antworten angebracht sind. 9.3.1.
Wie wirken sie auf den Gesprächspartner?
Sucht noch andere Antworten, und ordnet sie hier ein.

Seid ihr schon einmal ausgefragt worden? 9.3.2.
Führt in Rollenspielen einige Situationen vor.

Die Zuschauer beurteilen:
— Wie wurde das Gespräch eingeleitet? Auf welche Weise wurde gefragt?
— Wollte er sich ausfragen lassen? Hat er sich erfolgreich gewehrt?
— Wie hat die Abwehr auf den Frager gewirkt?
— Welches Verhältnis haben wohl die Gesprächspartner zueinander?

B₁ 1. Einen Rundgang planen und beschreiben

1.1. Man kann eine Stadt auf viele verschiedene Weisen kennenlernen. Die Stadt Köln schlägt in ihrem Prospekt „Kölner Bummel-Tips" acht verschiedene Rundgänge vor, die nach bestimmten Gesichtspunkten geordnet sind:
Nr. 1: Von Kölsch bis Kaviar
Nr. 2: Zwei Plätze für die Nacht: Rudolf und Barbarossa
Nr. 3: Köln zwischen Dom und Rom
Nr. 4: Spaß in Altstadtkneipen
Nr. 5: Einkaufsbummel im Fußgängerparadies
Nr. 6: Rund ums Theater
Nr. 7: Mit Bus und Schiff durch Köln
Nr. 8: Ins Grüne mit der Straßenbahn

Nr. 5 Einkaufsbummel im Fußgängerparadies

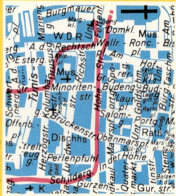

Kölns Fußgängerparadies: berühmt und beeindruckend. Das ist kein Eigenlob ... man kann es in allen einschlägigen Werken nachlesen — und „nachgehen", wenn man zwei Stunden Zeit hat. Wer zwischendurch Kaffee-Durst bekommt, muß natürlich die entsprechende Zeit dazurechnen. Auf dem Plan haben wir die Route eingezeichnet. Eilige oder Müde können auf der gestrichelten Linie durch Zeppelinstraße, quer durch Karstadt, Glockengasse, Ladenstadt abkürzen. Wäre aber schade drum.

Gehen wir los. Ausgangspunkt ist der Dom; von dort rechts über Wallrafplatz in die Hohe Straße hinein.

Die berühmte Einkaufsstraße ohne Autoverkehr empfängt Sie mit tausend Eindrücken. Internationale Eleganz in den Geschäften, Passanten aus aller Herren Länder. Straßenverkäufer, LP's für 6 Mark, farbige Musikanten, Obstkarren. Interessant die Auslagen der Läden mit ihren Passagen, die sich zur Straße hin öffnen. Café Eigel zum ersten Verweilen nahe der Hohe Straße in der Brückenstraße.

Nr. 3
Köln zwischen Dom und Rom

Links gegenüber dem Eingang des Verkehrsamtes in das Parkhaus hinein: Reste der römischen Stadtmauer mit Fluchtloch des Erzbischofs Anno (50 n. Chr.), römischer Kultkeller, Kantharus (Brunnenschacht aus dem alten Atrium).

Kultur in Köln ist kein Privileg einiger Auserwählter, Wohlstudierter. Hier bietet sich Kultur amüsant, interessant, unverschnörkelt dar. Bester Beweis: das neue Römisch-Germanische Museum. Bei ihrem Rundgang können Sie es mit einbeziehen. Eintritt 1,00 DM.

Auf demselben Weg wieder zurück. Über die Domterrasse am Seitentor des römischen Nordtores und dann links am Dom vorbei.

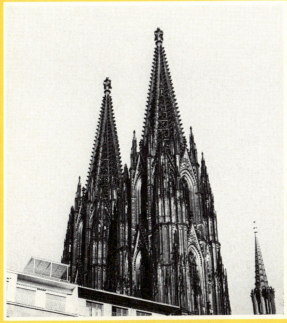

Nach links ein Blick auf Maria Himmelfahrt Barockkirche 17. Jh.

Aus: Zwischen Rhein und Ring. Kölner Bummeltips. Hrsg. vom Verkehrsamt der Stadt Köln. 1978.

B1

- Welche Information werden gegeben?
- Wie werden die Informationen gegeben?

1.2. Beschreibt einen Rundgang oder mehrere Rundgänge durch eure Stadt oder euren Heimatort und seine Umgebung. Stellt euch vor, ihr bekommt Besuch von einem Gleichaltrigen.

Entscheidet euch, unter welchem Gesichtspunkt ihr ihn führen wollt.
- Schreibt auf, was für diesen Besucher im Ort alles sehenswert ist.
- Plant einen Rundgang. Wo soll der Rundgang anfangen? In welcher Reihenfolge wollt ihr ihm zeigen, was er sehen soll?

1.3. Dazu könnt ihr einen Prospekt herstellen, so ähnlich wie auf S. 28/29.
Dabei ergeben sich mehrere Teilaufgaben, z. B.:
a) Kartenskizze anfertigen. Den geplanten Weg farbig in die Skizze eintragen.
b) Die einzelnen Sehenswürdigkeiten nacheinander nennen; manche davon erläutern.
Seht euch an, wie das im Kölner Prospekt gemacht wird:
- Es müssen keine vollständigen Sätze sein.
- Wichtig sind Angaben wie: links gegenüber, auf demselben Weg wieder zurück, nach links ein Blick auf . . ., dann links am . . . vorbei, dann . . . Begegnung mit . . ., links hoch bis . . ., rechts bis . . ., aussteigen an der . . ., gleich dahinter . . .
c) Ihr könnt die Stationen durchnumerieren. Prüft, ob auch Abbildungen verwendet werden können.
d) Reichen die Informationen aus, die ihr habt? Wenn nicht, müßt ihr euch zusätzliche Informationen besorgen oder vor Ort überprüfen, was euch noch fehlt.

1.4. Stellt jetzt den Prospekt zusammen.

1.5. Kontrolliert die Richtigkeit der Angaben, indem ihr die Wege abgeht.

2. Eine Kartei anlegen

B2

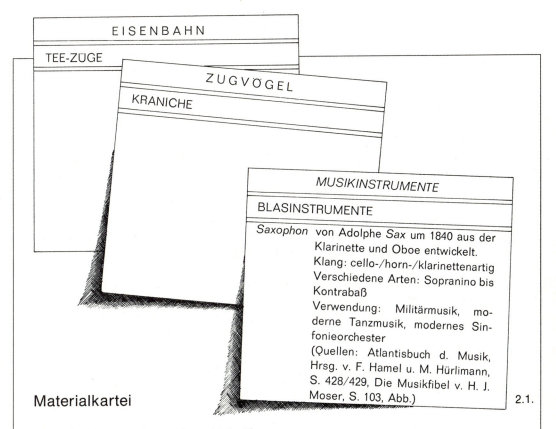

Materialkartei

2.1.

Das ist eine Materialkartei. Sprecht darüber:
- Wozu kann sie nützlich sein?
- Wie ist sie aufgebaut?
- Wie sind die Texte angeordnet?
- Über welche Gebiete würdet ihr eine solche Kartei anlegen?

Hier stehen Informationen zum Thema „Indianer".
Ihr könnt daran üben, eine Materialkartei sinnvoll anzulegen.

2.2.
(T)

Die unvergleichlichen Irokesen

[1] Außer einigen Sondergruppen, wie etwa den *Cherokee* des Südens, sprachen hauptsächlich die Mitglieder folgender vier Völkerbünde das Irokesische:
die *Huronen* am Huron- und Simcoesee, zu denen das Bärenvolk, das Schnurenvolk, das Felsenvolk und das Hirschvolk gehörten,
die *Tionontati* oder die Tabaknation, die den in Mengen von ihnen angebauten Tabak verhandelten,

am Eriesee der Bund der *Attiwendaronk* oder Neutralen, der sich aus fünf Stämmen zusammensetzte, unter denen sich auch das sagenhafte „Panthervolk", die *Erie*, befanden, nach denen der Eriesee benannt ist,
und vom Südufer des St.-Lorenz-Stromes an die Mitglieder des Irokesenbundes, auch „Die fünf Nationen" benannt.
Die ältesten Mitglieder dieses Irokesenbundes waren die *Mohawk*, deren Namen „Menschenfresser" bedeutet, die *Onondaga,* „Leute vom Berge", und *Cayuga,* „Wo man die Heuschrecken findet", mit denen sich die *Oneida*, „Stehender Felsen", und, als größter Stamm des Bundes, die *Seneca*, „Felsenleute", zusammengeschlossen hatten. Zu ihnen gesellten sich 1722 noch die aus dem Süden, aus Nordkarolina, vertriebenen *Tuscarora*, „Hanfsammler".

[2] Die Irokesen wohnten in etwa fünfzig Meter langen, zehn Meter breiten, aus zusammengebundenen Pfählen erbauten Häusern mit Giebeldach aus Zedern- oder Ulmenrinde. In der Mitte befand sich ein langer Gang, an dem rechts und links die Abteile für die Familien lagen. Jede Familie hatte ein Feuer, Bänke, Vorratsbehälter und allen notwendigen Hausrat.
Ein Dorf bestand aus zwanzig und mehr solcher wohlumzäunter Bauten, in denen durchschnittlich je zwanzig Familien wohnten.
Aber das durch Palisaden geschützte Langhaus der Irokesen stellte nicht nur die Form ihrer Wohnstätten dar; es galt als Sinnbild des Bundes. Der ganze Bund war ja wie ein übergroßes Langhaus, in dem alle eine Festung zur eigenen Sicherheit hatten. Die „Türen" dieses „Langhauses" gingen im Osten auf den Hudsonfluß, im Westen auf den Eriesee, die Nordseite lag in der Richtung des St.-Lorenz-Stromes, die Südseite blickte nach dem Fluß Susquehanna.

[3] Wohl waren sie seßhaft in ihren umfriedeten Dörfern; aber sie vermochten sich auch jagend zu ernähren. Sie nahmen 70 Prozent ihrer Nahrung vom Mais, den sie mit dem Grabstock pflegten. Die Körner verstanden sie in mannigfaltiger Weise zuzubereiten, grün oder geröstet, als Hominysuppe, als Klöße oder mit Bohnen zusammengekocht als Succotash, und eine Delikatesse war der in einem irdenen Gefäß geröstete und aufgeplatzte Puffmais. Die Zusatznahrung zum Mais gewannen sie durch die Jagd auf Hirsch, Bär, Biber, Vögel und gespeerte oder in Netzen gefangene Fische. Dazu sammelten sie Wildfrüchte, wie Eicheln, Wurzeln, Kastanien, Nüsse, Wildkirschen, Himbeeren, Erdbeeren, Brombeeren, Heidel- und Preiselbeeren.

[4] Die Irokesen lebten in einem Land mit harten, schneereichen Wintern. Die Kleidung der Männer bestand aus Schäften für die Beine, einem Tuch um die Lenden und kurzen Röcken aus Wildleder, Mokassins und einem Wildlederhemd. Im Sommer ließen sie das Hemd und die Schäfte weg.

B2

Die Frauen trugen Röcke und Schäfte, wenn es warm war, und lange Kleider, wenn es kalt wurde.

Sehr bedeutungsvoll war für die Irokesen die Religion, die jeden Augenblick ihres Lebens mit einbezog. Es wimmelte von geistigen Wesen (spirits) aller Art, die alles beeinflußten, was die Irokesen taten. Zusätzlich zu diesen Wesen und den immer gegenwärtigen Geistern (ghosts) der Toten gab es göttliche Wesen, die wir wohl Götter nennen können. Über allem stand der Herr des Lebens, von dem alle guten Dinge kamen, und sein Gegner und Bruder, der Urheber alles Bösen. Beide befanden sich in ständigem Kampf.

5. Ein Mensch bestand für sie aus drei Teilen: Erstens einem Körper, zweitens dem, was wir seine Seele nennen können, und drittens seinem geistigen Wesen (spirit) oder seinem Geist (ghost). Wenn er starb, ging seine Seele in das „Nachleben", eine Art von Himmel ein. Sein Geist (ghost) blieb in der Nähe des Begräbnisplatzes und nahm am Dasein der Lebenden Anteil. Kriegerische Streifzüge konnten z. B. von toten Kriegern in großen Scharen begleitet werden, die an diesem Vergnügen teilnehmen wollten. Bei Festmählern, die in der Winterzeit gegeben wurden, waren die Schranken zwischen Lebenden und Toten beseitigt, und die Geister nahmen am Essen, am Tanzen, den Spielen und der Wärme des Feuers teil.

6. Bei den Irokesen nahmen die Frauen eine höhere Stellung ein, als sie ihnen bis in die jüngste Zeit von den Weißen eingeräumt wurde. Die Felder, die Ernte, die Häuser gehörten ihnen. Dies bedeutete, daß sie wirtschaftlich die Oberhand hatten. Die Abstammung bezog sich immer auf die Mutter. Ein Kind gehörte

Einige Sippensymbole der Irokesen mit ihren indianischen Namen.

B₂

zur Sippe seiner Mutter. Jedermann war Mitglied einer Sippe, z. B. der Wolf-, Hirsch-, Schildkröten- und Schnepfen-Sippe. Das „Tiertotem" (Symbol) der Sippe war über der Tür eines jeden Langhauses angebracht. Dieses wurde von den Mitgliedern einer einzigen Sippe bewohnt. Wenn die Männer heirateten, zogen sie zu ihren Frauen. Wenn die Ehe auseinanderbrach, kehrte der Mann zu seiner Mutter zurück und verließ seine Kinder.

Jede Sippe war eingeteilt in Stammbäume, deren Glieder von einem gemeinsamen Ahnen abstammten. Das Haupt jedes Stammbaumes war eine ältere Frau, die Matrone. Einige Stammbäume waren adelig und sind es noch heute. Aus ihnen wurden die Häuptlinge oder Sachem gewählt. Sachem ist ein Wort der Algonkin, wird aber allgemein für die beherrschenden Häuptlinge der Irokesen benützt.

Wenn ein Sachem starb, wählte die Matrone des Stammbaumes seinen Nachfolger aus Mitgliedern des Stammbaumes. Dann besprach sie ihre Wahl mit den anderen Frauen des Langhauses und dann mit den Frauen der Sippe.

7 Die Irokesen hatten sich ein reiches und fruchtbares Land ausgesucht. Sie trieben viel Ackerbau, pflanzten Squash, eine Kürbissorte, 15 Arten Mais und nicht weniger als 60 Sorten Bohnen. Auch wilde Pflanzen, Kräuter und Ahornzucker gehörten zu ihrer Nahrung. Die Männer rodeten Land, fällten Bäume und verbrannten sie. Die weitere Feldarbeit wurde von den Frauen geleistet, da die Felder und die Ernte den Frauen gehörten. Natürlich gingen die Männer auf die Jagd. Sie jagten Rotwild, fingen Biber, töteten Enten, Truthähne und wilde Tauben und fingen mit großen Netzen, die sie aus biegsamen Ranken herstellten, Fische in aufgestauten Flüssen.

8 Die Irokesen lebten eng zusammen in Dörfern, die sie mit starken hölzernen Pfahlwänden einzäunten. Die Häuser wurden von den Männern gebaut, gehörten aber den Frauen. Es gab zwei Typen: Bauten mit rundem Dach und die sogenannten „Langhäuser" mit einem Giebeldach. Beide wurden mit Ulmenrinde gedeckt, die man wie Schindeln übereinanderfügte. Ein Langhaus war bis zu 30 m lang und beherbergte viele Familien einer Sippe.

1 – 3 Aus: *Eva Lipps*: Sie alle heißen Indianer. Hermann Schaffstein Verlag. Dortmund 1976, S. 151, 154, 156.
4 – 8 Aus: *Oliver La Farge*: Die Welt der Indianer. Otto Maier Verlag. Ravensburg 1977, S. 45, 51 – 53, 56. © 1956, Oliver La Farge und Crown Publishers Inc. © 1960, Golden Press Inc.

B₂

Unterhaltet euch über diese Texte.   2.2.1.
Welche Begriffe oder Textstellen sind euch unklar?

Die Karteikarten müssen so eingerichtet sein, daß man die dort aufgeschriebenen   2.2.2.
Informationen schnell wiederfinden kann. Deshalb stehen oben auf dem Rand
und in der linken oberen Ecke Stichwörter, die über den Inhalt der Karte informieren (vgl. 2.1.).
– Das Hauptschlagwort (als Überschrift) kennzeichnet das gesamte Sachgebiet (z. B. „Zugvögel").
– Der Sortierbegriff (linke obere Ecke) informiert über Teilgebiete (z. B. „Kraniche").

Überlegt:
Welches Hauptschlagwort und welche Sortierbegriffe wollt ihr für eure Karteikarten verwenden?
Schreibt sie auf.
Dabei müßt ihr beachten, über welche Sachverhalte die einzelnen Texte Auskunft geben.

Teilt euch die Arbeit auf.   2.2.3.
Jede Gruppe übernimmt die Information zu einem bestimmten Gebiet.
a) Schreibt auf einem Zettel die wichtigsten Informationen aus dem Text heraus.
b) Kontrolliert, ob ihr verständlich, knapp und sachlich richtig formuliert habt.
c) Tragt eure Notizen auf einer Karteikarte ein.
d) Tauscht mit einer anderen Gruppe eure Karte aus, und überprüft den Text.
    Achtet auch darauf, ob die Eintragungen übersichtlich angeordnet sind.

Wenn eure Kartei vollständig und gut verwendbar sein soll, müßt ihr noch an zwei   2.2.4.
Regeln denken.
a) Ihr solltet notieren, woher ihr die Informationen habt, also die Quelle angeben.
    Welche Angaben ihr dazu braucht, könnt ihr auf S. 34 ablesen.
b) Manchmal ist es notwendig, einen vollständigen Satz aus der Quelle zu übernehmen, also zu zitieren.
    Das Zitat wird in Anführungszeichen gesetzt. Es ist gut, dazu die Seite der Quelle zu notieren, von welcher es stammt.
    Überlegt, warum diese Verfahren nützlich sind.

Nun könnt ihr euch Karteikarten über andere Themen anlegen, die euch interessieren. Vielleicht benutzt ihr sie zu einem Referat in der Klasse?   2.3.

B3   3. Spielregeln aufschreiben

3.1. Spielregeln verändern

3.1.1. Mühle zu dritt? Ist das nicht doch möglich?
(M) Überlegt und erprobt, an welchen Stellen die bekannten Mühle-Spielregeln verändert werden müßten. (→ A 7)

3.1.2. Notiert eure Vorschläge, und tauscht sie untereinander aus.
Erprobt die neuen Vorschläge, und fügt Anmerkungen hinzu, wenn euch etwas nicht einleuchtend oder mißverständlich erscheint.

3.1.3. Gebt die erprobten Vorschläge zurück.
Nun können die Spielregeln für „Mühle zu dritt" aufgeschrieben werden. Bedenkt dabei:
 – Spielregeln müssen mühelos verständlich sein; sonst entstehen Streitfälle.
 – Spielregeln sollen schnell und genau informieren; sie dürfen also nichts Überflüssiges enthalten.
 – Spielregeln müssen leserlich und in der Anordnung übersichtlich geschrieben werden, damit man sich schnell zurechtfinden kann.

Spielregeln erfinden

3.2.

Diese Buchstabenkärtchen stehen als Spielmaterial zur Verfügung.
Wie könnten die Spielregeln aussehen?
Stellt euch solche Kärtchen aus Pappe her, und probiert aus.
Natürlich könnt ihr auch weitere Kärtchen hinzufügen.

3.2.1.

Wenn ihr eine interessante Spielmöglichkeit gefunden habt, schreibt sie auf.
Dafür sind folgende Punkte wichtig:
- Welches Spielmaterial und wie viele Mitspieler sind erforderlich oder möglich? Dies sind die *Spielvoraussetzungen*.
- Wie wird das Spiel begonnen, wie wird es fortgeführt, wodurch entsteht der Spielabschluß? Dies sind die Regeln für den *Spielverlauf*.
- Sind Regeln für besondere Fälle erforderlich? Dies sind die *Zusatzregeln*.

3.2.2.

Besonders interessant wird das Erfinden, wenn man besondere Bedingungen für die Spielregeln stellt, z. B.:
- Die Mitspieler können zwar Buchstaben unterscheiden, aber nicht Wörter aus Buchstaben zusammensetzen.
- Jeder Mitspieler spricht eine andere Sprache.

3.2.3.

B4　4. Planen

4.1.　Keine schlechte Idee:
　　　Ein Turnier aller sechsten Klassen.
　　　Was haltet ihr davon?

4.2.　Dazu habt ihr sicher eine Menge Fragen, Einfälle und Vorschläge.
(M)　— Schreibt auf, was euch dazu einfällt.
　　　— Besprecht eure Fragen, diskutiert eure Vorstellungen.
　　　— Notiert, worüber ihr einig seid und was noch geklärt werden muß.

4.3.　Im Rollenspiel könnt ihr erproben, wieweit ihr schon alles durchdacht habt.
　　　(→ A 7)
　　　Spieler:
　　　Einige Schüler, Sportlehrer, Hausmeister, Stundenplaner und Schulleiter.
　　　— Bringt eure Idee vor, und setzt euch mit dem auseinander, was Schulleitung,
　　　　Sportlehrer und Hausmeister vorbringen.
　　　— Vielleicht müßt ihr manches umstellen oder noch klären? Besprecht euch.

B4

Überlegt, wie ihr die Planung des Turniers geordnet aufschreiben wollt, z. B.: 4.4.

a) auf eine Zeitleiste

Mo 21. 4.	Di 22. 4.
Klassen befragen Mannschaften aufstellen	Gespräch mit Stundenplaner: Termin festlegen

b) für jeden Planungsschritt ein Blatt

Mo 21.4. Gespräch mit Schulleitung: Genehmigung	Di 22.4. Klassen befragen Mannschafts- aufstellung	Mi 23.4.

c) den Ablauf zeichnerisch darstellen

Klassen befragen / Umlauf — Mo 21.4.
→ Mannschaften aufstellen / Zeitplan des Turniers — Di 22.4.
→ Stundenplaner: / Schulleitung:
→ Hausmeister:
→ Aushang vorbereiten — Mi 23.4.

Formuliert jetzt eure Eintragungen. 4.5.
a) Welche Aufgaben müßt ihr erledigen?
b) Was kommt zuerst, was hat Zeit, was geht gleichzeitig?
c) Stellt einen Zeitplan auf. Rechnet vom Veranstaltungstag rückwärts.
   Bis wann müssen die einzelnen Vorbereitungen erledigt sein?
   Haltet das in eurer Planung fest.

Ihr müßt auch Turnierregeln festlegen, z. B.: Größe der Mannschaft, Spieldauer. 4.6.
(Zum Abfassen von Regeln → B 3)

B5 5. Über einen Vorfall berichten

5.1. (M) (T)	*Inspektor*:	Ich bin Inspektor Lauenstein.
	Herr Binder:	Na, endlich. Binder. Das ist meine Frau. Jetzt sind die Burschen natürlich über alle Berge.
	Frau Binder:	Was sollten wir tun? Wir waren ja allein. Kein Mensch weit und breit. Und unser Purzel ist auch nicht mehr der Jüngste. Auf jeden Fall waren sie zu zweit . . .
	Herr Binder:	Wir wollten zuerst schreien, aber wir trauten uns nicht. Man weiß bei diesen Brüdern nie! Ein Riesenloch jedenfalls war im Fenster. Und die, ich sage Ihnen, mit vollen Armen haben sie die Pelze in den Lieferwagen geschleppt. Der eine mit seinem langen Mantel und der Baskenmütze, der konnte kaum noch gehen, so beladen war der.
	Frau Binder:	Und dann bei dem Wetter! Keinen Hund hätte man nach draußen jagen wollen. Aber unser Purzel braucht doch Bewegung. In dem Alter! Und jeden Abend so ein halbes Stündchen . . .
	Inspektor:	Moment mal, können Sie nicht der Reihe nach berichten? Wann und wo haben sie die beiden zuerst bemerkt?
	Frau Binder:	Na ja, als wir in die Heinestraße einbogen. Ich dachte, mich rührt der Schlag.
	Herr Binder:	Wissen Sie, wir gehen immer dieselbe Tour mit Purzel. Zuerst die Börnestraße entlang. Und bei Frohmut bleiben wir immer stehen. Meine Frau betrachtet die Pelze. Nämlich, so was können wir uns nicht leisten . . .
	Inspektor:	Können Sie mir genau sagen, was Sie beobachtet haben?
	Herr Binder:	Natürlich. Also, wir kommen um die Ecke. Wir wohnen nämlich zehn Minuten von hier in der Börnestraße. Da fährt ein Wagen . . .
	Frau Binder:	Ich sage Ihnen, ich dachte, der fährt in die Scheibe! Aber kurz davor hat er gebremst. Auf dem Bürgersteig! Und dann sprangen zwei raus.
	Herr Binder:	Einfach eingeschlagen haben die die Scheibe. Wir haben's gesehen. Gehört hat man ja nichts bei dem Sturm. Und außerdem hat's noch geblitzt und gedonnert.
	Frau Binder:	Wir wollten erst gar nicht gehen, bei dem Wetter! Aber nach der Tagesschau, der Spätausgabe meine ich, meinte mein Mann dann . . .
	Inspektor:	Konnten Sie die Leute erkennen?
	Frau Binder:	Es waren zwei Männer, das steht fest.
	Herr Binder:	Das eine könnte auch eine Frau gewesen sein, so in Jeans und dickem Pullover und mit langen Haaren. Die sehen ja heute alle gleich aus.

Frau Binder: Jedenfalls, während wir telefonierten, sind die reingesprungen in den Lieferwagen ...
Herr Binder: Ein Caravan war es, Opel glaub ich. Das konnte ich aus der Telefonzelle noch erkennen. Und ein Hamburger Kennzeichen hatte der ...
Frau Binder: Ich glaube was mit 688 oder 682 oder so ...
Inspektor: Ich glaube, ich nehme erst mal ein Protokoll auf. Also, der Reihe nach! Darf ich noch einmal Ihre Namen ...

Der Inspektor muß ein Protokoll aufsetzen. Mit diesen Zeugenaussagen kommt er nicht weiter.   5.1.1.
— Woran liegt das?
— Macht euch klar, wozu ein Protokoll dient.
— Was muß darin stehen? Was ist überflüssig?

Schreibt auf, welche Fragen für das Protokoll wichtig sind.   5.1.2.

Der Inspektor wird in vielen Fällen die Zeugenaussagen umformulieren, wenn er sie aufschreibt.   5.1.3.
Im Protokoll steht z. B.:
„Wir sahen, daß die Täter die Schaufensterscheibe einschlugen."
Seht im Dialog nach, an welcher Stelle und wie die Zeugen das gesagt haben. Vergleicht.

Schreibt das Protokoll über den Vorfall auf.   5.1.4.
a) Vielleicht fehlen euch einige Angaben, z. B.:
   An welchem Tag geschah es?
   Diese Angaben könnt ihr gemeinsam festlegen.
b) Hier ist ein möglicher Anfang für ein Protokoll.
   „Am Montag, dem ..., gingen wir gegen ... Uhr die Börnestraße entlang."

Ihr könnt aus dem Vorfall auch einen Bericht für die Lokalseite der Tageszeitung machen.   5.1.5.
a) Überlegt, was anders sein soll:
   — Der Bericht in der Zeitung soll spannender zu lesen sein.
   — Er soll aber doch ein sachlicher Bericht bleiben.
b) Formuliert den Bericht für die Zeitung.
c) So könnte er z. B. anfangen: „In der Nacht vom ..."
d) Sucht eine treffende Überschrift.

B5

5.2. Kurz nach Beginn der 1. Stunde. Drei Schüler kommen zu spät. Der Lehrer nimmt
(M) sich Zeit, die Entschuldigung anzuhören. Hier ist die Tonbandaufnahme dessen,
(T) was sie sagen:

Regine (R), Katharina (K), Carsten (C): Guten Morgen.
Lehrer (L): Morgen. Schön, daß ihr auch schon kommt.

R: Ja, ich habe meine Fahrkarte vergessen, ja, und heute, 'n blöder Zufall, ausgerechnet, hatte ich nun kein Geld mit und wollte mir noch was leihen. Aber kein anderer konnte mir Geld geben, na ja, und da hab' ich gedacht: wird schon gutgehen —

L: Bist also schwarz gefahren?

R: Ja.

K: Ja, und wir haben die auch gar nicht erkannt. Die kommen ja in ziviler Kleidung da rein, und plötzlich standen die hinter uns.

C: Der all-gefürchtete Aufruf: „Fahrkarten bitte!"

K: Ja.

R: Bekam man da doch so'n weißen, na, so 'ne Karte da vors Gesicht gehalten, so'n Ausweis, vom Kontrolleur.

K: Und wir zeigten natürlich alle unsere Fahrkarten, na ja, und dann war eben, warst du dann eben dran.

R: Ja. Na ja.

L: Ihr standet daneben?

K: Ich stand daneben, ja.

R: Und dann — der wollte uns dann nicht rauslassen, wir durften ja fast nicht aussteigen, wir wär'n dann also praktisch bald noch weitergefahren, weil die beiden wollten ja also eben bei mir bleiben, und dann konnten wir aber doch noch raus.

L: Ja, ich wollte vorhin schon gefragt haben: Der hat euch also festhalten wollen?

RKC: Ja.

L: Und er wollte euch hier an der Schule nicht aussteigen lassen?

C: Nein, wollt' er nicht.

R: Wie wir dann ausgestiegen sind, da mußt' ich ja dann mein Heft aus der Tasche nehmen, daß er dann eben kontrollieren kann, also daß ich das dann wirklich bin. Hat er sich das alles aufgeschrieben, die Adresse, und dann kam da noch dieser zweite Kontrolleur da, hat mir da so'n Strafzettel in die Hand gedrückt —

L: Er hat euch also doch rausgelassen an unserer Haltestelle?

C: Ja, erst nachdem wir ihn ausdrücklich drauf aufmerksam gemacht haben, nachdem wir ihm das extra gesagt hatten, daß er uns doch bitte rauslassen sollte.

B5

L: Er wollte euch weiter mitnehmen?
RK: Ja.
L: Und dann hat er diesen ganzen Vorgang aufgenommen und deinen Namen notiert, draußen an der Haltestelle?
R: Nein, nur eben Adresse.
K: Er ist ausgestiegen. Der Bus ist weitergefahren.
L: Und wie lang war nun die Verzögerung?
KC: Fünf Minuten warn's höchstens.
R: Fünf.
K: Vielleicht zehn Minuten, so ungefähr, doch.
C: Bißchen mehr.
L: Und das kommt jetzt mit eurer Verspätung auch hin. Ja, ich glaube, die Sache ist nun klar. Entschuldigung ist akzeptiert.
Das nächste Mal vergißt du nicht deine Fahrkarte!?
K: Ja, das Schönste ist ja noch: Unten in der Pausenhalle, sie macht's Portemonnaie auf und sieht die Fahrkarte!
L: Ach, die ganze Aufregung war überflüssig.
R: Ja, da hab' ich eben nicht richtig nachgeguckt, und dann: der Bus kommt gleich, und schnell, schnell. Geld haste nicht, na ja, kannste ja mal versuchen . . .

Der Lehrer will sich wegen dieses Vorfalls mit dem Verkehrsunternehmen in Verbindung setzen. Dazu benötigt er ein Protokoll. Es soll knapp, sachlich und genau abgefaßt sein.
— Entwerft das Protokoll.
— Überprüft es. Legt die Maßstäbe an, die ihr beim Abfassen des vorigen Protokolls gelernt habt.

B6 6. Schriftlich Verbindung aufnehmen

```
Joachim Neder                        Braunstr. 47
                                     2000 Hamburg 71
An den
Klassenlehrer der 6. Klasse
der Pestalozzi-Schule
Pestalozzistr.
4950 Minden                          Hamburg, 2.1.81
```

Sehr geehrter Herr Lehrer!

In zwei Monaten ziehen wir nach Minden um, und ich soll dann in die Pestalozzi-Schule gehen. Da es mitten im Schuljahr ist, sagte meine Mutter, ich soll vorher schon anfragen, welche Bücher dort in der 6. Klasse benutzt werden. Vielleicht haben Sie auch schon den neuen Stundenplan bis dann.

Vor allem aber interessiert mich, wie die 6. Klasse dort ist. Es ist besser, wenn man schon etwas weiß, wenn man von einer Schule in die andere wechseln muß, glaube ich. Für eine Antwort wäre ich Ihnen dankbar.

                    Mit freundlichen Grüßen

                    Joachim Neder

6.1.   Der Lehrer, der einen solchen Brief erhält, kann selbst antworten.
Er kann aber auch die Klasse bitten zu antworten.
Überlegt, was für und gegen jede dieser Möglichkeiten spricht.

6.2.   Entwerft ein Antwortschreiben, und geht dabei von der Situation in eurer Klasse aus. (→ A 1)
Macht euch klar, was Joachim will.

6.2.1.   Für die Zusammenstellung der Bücher müßt ihr entscheiden:
– Wie schreibt man die Titel auf?
– Wollt ihr sie in einer bestimmten Reihenfolge aufschreiben?
– Wollt ihr vielleicht nur eine Auswahl von Büchern angeben?

Für die Darstellung der Situation in eurer Klasse könnt ihr überlegen: 6.2.2.
— Wie mag dem neuen Schüler jetzt zumute sein, wenn er an den Schulwechsel denkt?
— Wie könnt ihr eure Klasse so vorstellen, daß er sich darauf einstellen kann?

Sucht euch eine von diesen Anzeigen aus, und entwerft einen Antwortbrief. 6.3.

① *Wir haben einen **Karl-May-Fanklub** gegründet und suchen einen Namen und Mitglieder dafür. Jedem, der beitreten möchte, wird geschrieben. Jeder, der bei uns Mitglied ist, kann originale indianische Handarbeiten bekommen. Unsere Adresse: Karl-May-Fanklub, Lange Straße 7, 5960 Olpe*

② Wir wollen einen **Detektivklub** gründen und suchen noch Mitglieder (Jungen und Mädchen). Bitte schreibt, welches euer Lieblingsdetektiv ist. Adresse:
P. Mann, Am Stollen 7, 1000 Berlin 42

③ **Ich suche eine Brieffreundin** aus dem Ausland oder auch aus Deutschland. Ich spreche Englisch und Deutsch. Meine Hobbys sind Singen, Schauspielen, Feiern, Skilaufen und vieles andere. Wenn ihr mir schreiben wollt, schickt bitte ein Bild mit. Eva Kirsch, 11 Jahre, Marktplatz 9, 8674 Naila

④ ***Achtung:** An alle Klassen im In- und Ausland. Welche Klasse hat Lust, mit der 6. Klasse der Geschwister-Scholl-Schule in Mainburg in den **Federkrieg** zu treten? Späterer Besuch ist nicht ausgeschlossen!
Maria Fritz, Hauptstraße 10, 8302 Mainburg*

— Geht auf die inhaltlichen Besonderheiten der Anzeigen ein.
— Versucht, den Ton der Anzeige aufzunehmen.

B7

7. Jemanden für etwas gewinnen
(→ A 6)

Aktion saubere Anlagen

So geht das nicht weiter!

In unseren Anlagen sieht man kaum noch das Grün der Pflanzen. Wir wollen uns wieder in sauberer Umgebung erholen können!

Wer so denkt wie wir, kommt am **17.2.**

um **14.00 Uhr**

zur Ecke Waldstraße/Braunstraße.

Wir wollen Papier und Unrat aufsammeln und die Anlagen wieder säubern.

Mach mit !

7.1.   Dies ist ein Aufruf zu einer Aktion.
(T)   — Untersucht den Aufruf.
         — Notiert, was ihr daran gut oder schlecht findet.

7.2.   Gibt es bei euch vielleicht auch so einen Anlaß für eine Aktion? Entwerft dazu ein Plakat.
         — Legt fest, was darauf stehen soll.
         — Überlegt, welche Aufmachung ihr wählt.

7.3.   Überlegt, ob das Plakat am besten geeignet ist, andere für eure Sache zu gewinnen, oder ob ihr lieber Handzettel verteilen wollt.
         — Besprecht die Vor- und Nachteile.
         — Was könnte sich ändern (Text – Aufteilung)?

B7

Fertigt Entwürfe für euer Vorhaben an.   7.4.
Bedenkt dabei:
- An wen wollt ihr euch wenden?
- Wie könnt ihr Aufmerksamkeit oder Beachtung erregen?
- Welche Bedenken oder Widerstände müßt ihr überwinden?
- Welche Informationen wollt ihr geben, welche weglassen?
- Wie soll der Text aufgebaut werden?
- In welcher Sprache und Schrift soll der Text abgefaßt werden?
- Welche bildlichen Mittel könnt ihr einsetzen?

Vergleicht und beurteilt eure Entwürfe.   7.5.
Überarbeitet die Entwürfe, und stellt Musterexemplare her.

Weitere Anlässe   7.6.

| Arbeitsgemeinschaft Sport | | Umgestaltung Schulhof |

| Mitarbeit Schülerrat | Sauberes Schulgebäude |

| Verbesserung Aufenthaltsraum für Freistunden und Fahrschüler |

Weitere Zielgruppen

8. Sich beschweren

Lieber Herr Rektor!

Warum haben wir nach den Ferien so einen blöden Klassenraum bekommen? Da ist es ja so laut von dem Lärm der Autos, daß wir gar nichts verstehen können. Wenn es heiß ist, können wir noch nicht einmal die Fenster aufmachen. Warum kann nicht die 6c in dem Klassenraum bleiben? Die haben sich doch schon daran gewöhnt.

        Klasse 6a

An die
Lehrer
In der letzten Woche haben wir vier verschiedene Arbeiten geschrieben:
Montag: Englischarbeit
Mittwoch: Diktat
Donnerstag: Bio Test
Freitag: Mathematikarbeit
Wir finden es nicht gut, daß kurz vor den Zeugnissen so viele Arbeiten hintereinander geschrieben werden. Wir möchten Sie dringend bitten, die Arbeiten gleichmäßiger zu verteilen, damit so etwas nicht noch einmal passiert.
    Mit freundlichem Gruß
    Ihre Klasse 6b

B8

Nürnberg, den 3.7.79

An den
Bürgermeister
3305 Grünau

Sehr geehrter Herr Bürgermeister,
wir haben am 20. Juni eine Klassenfahrt nach Grünau gemacht. Die Fahrt hat uns allen Spaß gemacht. Am interessantesten war die Besichtigung des Bergwerksmuseums. Gut gefallen hat uns auch die Fahrt mit der Seilbahn auf den Harnberg.

Aber eine Sache fanden wir gar nicht gut. Wir hatten noch ein bißchen Zeit, bevor der Bus kam. Da sind wir durch den Kurgarten gegangen. Weil es so heiß war, haben wir uns um einen kleinen Teich gesetzt und die Füße ins Wasser gehalten. Unser Lehrer auch.

Aber da kam ein Polizist. Der hat gleich gesagt, wir sollen da weggehen. Wir dürften die Anlagen nicht betreten. Von unserem Lehrer wollte er sogar den Ausweis sehen.

Wir haben uns darüber geärgert. Wir finden es nicht richtig, daß wir uns nicht an den Teich setzen dürfen. Das hat doch niemanden gestört! Wir möchten Sie deshalb bitten, daß Sie das Verbot aufheben.
Wir würden uns freuen, wenn Sie unseren Brief bald beantworten.

Der Klassensprecher
der Klasse 6c
Gerd Maiwald

B8

In dieser Lerneinheit könnt ihr lernen, wie man sich beschwert. Wer nicht weiß, wie man das macht, kann sich nur ärgern oder schimpfen. Aber was nützt es, wenn ihr über die vielen Klassenarbeiten schimpft! Und was hilft es, wenn ihr euch darüber ärgert, daß der neu gekaufte Kassetten-Recorder nicht funktioniert. Ändern könnt ihr nur etwas, wenn ihr euch an der richtigen Stelle darüber beschwert.

8.1. Vielleicht habt ihr euch selbst schon einmal beschwert. Oder ihr habt gesehen, wie Erwachsene sich beschwert haben.
a) Tauscht eure Erfahrungen aus.
(M) b) Probiert einige Beispiele im Rollenspiel aus.

8.2. Manchmal ist es besser, sich schriftlich zu beschweren.
— Überlegt, warum.
— Seht euch die Beschwerdebriefe auf S. 48/49 an.
Was ist daran gut? Was kann man besser machen?

8.3. Schreibt selbst Beschwerdebriefe.
a) Vielleicht habt ihr wirklich einen Grund, einen Beschwerdebrief zu schreiben. Sonst könnt ihr euch selbst ein Beispiel ausdenken.
b) Überlegt, was ihr mit dem Brief erreichen wollt. Formuliert eure Forderung möglichst genau.
c) Entscheidet euch, an wen der Brief geschrieben werden soll.

8.4. Wie werden die Adressaten auf die Beschwerdebriefe antworten?
(M) a) Ihr könnt es im Rollenspiel ausprobieren.
b) Ihr könnt aber auch schriftlich auf einen Beschwerdebrief antworten. Vielleicht entdeckt ihr dabei, daß ihr eure Beschwerdebriefe noch verbessern könnt.

9. Eulenspiegeleien

Als Eulenspiegel in Braunschweig mit seinen Eulen und Meerkatzen ein gutes Geschäft machte, mag sich der Bäckermeister schön geärgert haben, denn er war jetzt der Dumme! Und das geschah ihm gerade recht! Kennt ihr die Geschichte?

9.1. (M)

Was hat der Bäckermeister gemacht, daß wir ihn gern auslachen?

9.1.1.

Bedenkt:
a) Welchen Auftrag hat er Eulenspiegel gegeben?
b) Wie hat er den Auftrag formuliert?
c) Wie findet ihr diese Art, als Meister zu einem Gesellen zu reden?

Durch welchen Trick hat Eulenspiegel erreicht, daß der Bäcker am Schluß als der Dumme dasteht?

9.1.2.

Du kannst auch solche Geschichten schreiben. Du kannst sie auch in der Gegenwart spielen lassen, denn Eulenspiegeleien gibt es zu allen Zeiten! Hier sind einige Aufträge, die Eulenspiegel gegeben werden könnten (→ C 2.1., C 3.1.):

9.2.

— Steig dem Kerl mal aufs Dach!
— Du kannst von mir aus in die Röhre gucken!
— Bring ihm (ihr) mal die nötigen Flötentöne bei!
— Rutsch mir doch den Buckel runter!
— Mach ihm mal Beine!
— Wasch ihm mal ordentlich den Kopf!
— Schreib's dir hinter die Ohren!
— Führ sie ruhig hinters Licht!
— Nun bleib mal auf dem Teppich!
— Hau nur ordentlich auf die Pauke!
— Klopfe tüchtig auf den Putz!
— Hau ihn in die Pfanne!
— Drück auf die Tube!
— Laß ihn hochgehen!
— Entweder . . .,
 oder ich laß dich hochgehen!
— Nun zieh aber Leine!
— Kratz die Kurve!
(→ D 8)

B10 10. Erzählen aus verschiedenen Perspektiven

Aus: *E. O. Plauen:* Vater und Sohn. Bd. II. © Südverlag GmbH. Konstanz 1962 (ren.). Mit Genehmigung der Gesellschaft für Verlagswerte GmbH., Kreuzlingen/Schweiz.

Die Bilder erzählen eine Geschichte.
Ihr könnt diese Geschichte auch in Worten erzählen.
Erzählt sie so, daß eure Leser die Bilder nicht mehr benötigen. (→ C 4)

B10

Macht euch klar:	10.1.
– Welche Teile der Geschichte sind auf den Bildern zu sehen? Welche Teile müßt ihr hinzudenken (vor, zwischen und nach den Bildern)?	
– Welche Personen kommen vor? Welche Rolle spielen sie? Was mögen sie denken und fühlen? Was werden sie sagen?	
– Was ist das Besondere am Schluß der Geschichte?	
Ihr könnt euch auch Teile der Geschichte vorspielen. (→ A 4.2.)	(M)

Erzählt die Geschichte. — 10.2.

Überlegt, wer erzählen soll: — 10.2.1.
a) ein Dritter, in der „er"-Form,
b) der Sohn, in der „ich"-Form,
c) der Vater, in der „ich"-Form.

Wählt eine der Erzählerrollen; erzählt Teile der Geschichte mündlich, z. B.: — 10.2.2. (M)
– Der Vater / der Sohn / ein Dritter erzählt den Anfang / den Schluß. (→ A 5)
– Der Vater vermutet, was der Sohn fünf Minuten vor neun getan hat.
– Der Sohn erzählt, wie er nach Hause kommt.
– Der Vater erzählt, wie er den Sohn ankommen sieht.

Achtet darauf, in welcher Person ihr erzählt (ich/er). Achtet auch darauf, was der jeweilige Erzähler wissen und was er nicht wissen kann. — 10.2.3.

Schreibt jetzt den Teil der Geschichte auf, der euch besonders interessiert. — 10.3.

Prüft eure Ergebnisse, und vergleicht sie. — 10.4.
– Ist die Erzählperspektive eingehalten?
– Habt ihr genau genug beachtet, was auf den Bildern zu sehen ist?
– Erfährt man, was die Personen denken und fühlen, warum sie sich so verhalten, welche Absichten sie haben?

Schreibt die ganze Geschichte auf. — 10.5.

– Ihr könnt auch einen ganz anderen Schluß wählen. Das Vorhergehende muß aber zu dem neuen Schluß passen.
– Der Ich-Erzähler kann auch die ganze Zeit gewissermaßen mit sich selber reden, z. B. so: „Flopp Krach Klirr! Ein satter Schuß! Um Gottes willen, nichts wie weg! Wo doch mein Alter den Glaser sowieso nicht mag. Hier hilft nur noch rennen! Ob ich mir nicht doch noch schnell den Ball greifen kann?..."

Auch den Vorfall im Schulbus (→ B 5.2.) könnt ihr aus verschiedenen Perspektiven erzählen: Regine / Carsten / der Kontrolleur u. a. — 10.6.

B11 11. Einen Comic basteln

(T)

Aus: „Silberpfeil, der junge Häuptling", Heft 46: „Letzte Botschaft aus Durango". Bastei Verlag, Bergisch Gladbach o. J. (geändert).

B11

Geschichten, die zu diesen Bildern passen, gibt es noch nicht. Ihr könnt sie erfinden. (→ C 4)

Dazu müßt ihr überlegen: 11.1.

Wer sollen die Personen sein?   11.1.1.
Vielleicht kennt ihr einige Personen schon vom Comic-Lesen her.
Sonst könnt ihr ihnen auch neue Namen geben.

Was können die Personen und Tiere auf den einzelnen Bildern tun?   11.1.2.
Bedenkt dabei, wie es in einem Comic meistens zugeht:
— Es wird gekämpft ...
— Freunde kommen einander zu Hilfe ...
— Es gibt nur Gute und Böse ...
— Man weiß von Anfang an, wer am Schluß Sieger sein wird ...

Vielleicht merkt ihr: man kann diese Fragen eigentlich erst beantworten, wenn   11.2.
man geklärt hat, was *vor* den abgebildeten Ereignissen geschehen ist.
Eine solche Vorgeschichte kann jeder von euch selbst entwerfen.

Wenn du auf diese Weise eine Vorgeschichte entworfen und mit den einzelnen   11.3.
Bildern in Verbindung gebracht hast, kannst du einen Einleitungstext zu dem
Comic schreiben.
Kontrolliere dabei, ob deutlich wird,
a) welche Personen zusammengehören;
b) wie es zu den Ereignissen auf den Bildern gekommen ist.

Jetzt kannst du auch die leeren Kästchen und Sprechblasen auf den Comic-Bildern ausfüllen.   11.4.

Bedenke dabei:
a) In die Sprechblasen kommt, was die Personen sagen.
b) In den Kästchen wird geklärt, was im Bild nicht zu sehen ist.
c) Für Erklärungen und Reden ist nur ganz wenig Platz; sie müssen also möglichst knapp sein. Du mußt klein und deutlich schreiben, am besten in Druckbuchstaben.

B11

11.5. Vielleicht ist dein Comic mit dem letzten Bild noch nicht zu Ende. Dann erfinde noch einen besseren Schluß. Bedenke:
a) Das Ende muß zum Ganzen passen.
b) Die Geschichte soll enden, wie solche Comics immer enden.

11.6. Vergleicht in der Klasse eure Lösungen.

11.6.1. Achtet dabei darauf,
– ob jetzt alles zueinander paßt;
– ob die wörtlichen Reden in den Sprechblasen zu den Personen passen;
– ob die Erklärungs-Kästchen nur das mitteilen, was aus dem Bild nicht erkennbar ist;
– ob der Schluß so ist, wie ihr es vom Comic-Lesen her kennt.

11.6.2. Diskutiert über eure Erfahrungen mit Comics, z. B.:
– Wie sind sie gebaut?
– Warum kann man sie so leicht nachmachen?
– Was freut oder ärgert einen beim Comic?

11.7. Vielleicht habt ihr Lust, die Geschichte einmal ganz anders zu basteln, als man sie als Comic-Leser erwartet.

11.7.1. Auch hier kann jeder eine eigene Lösung finden:
– Du kannst die Geschichte unerwartet enden lassen.
– Du kannst eine Person, die bisher zu den Bösen gehörte, zu den Guten gehören lassen und umgekehrt.
– Du kannst einzelne Personen sich mitten in der Geschichte ändern lassen: ein Guter wird plötzlich böse oder umgekehrt.

11.7.2. Es könnte sein, daß dieser „Anti-Comic" sich nicht mehr als Serie fortführen läßt. Diskutiert, was das für Folgen für die Hersteller und die Leser von Comics hätte.

1. Laut und Buchstabe
(→ A 2, A 3)

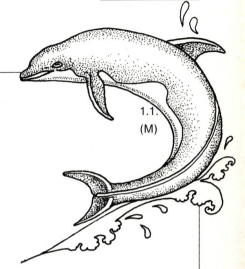

Rechtschreibung
Heinz Erhardt 1.1. (M)

Delfine schwimmen schnell und leis
(man schreibt sie mit „ph" — ich weiß;
doch schreibt man ja auch Tele„f"on,
und das bereits seit langem schon) —
sie schwimmen (wie gesagt, mit „f") —
sie schwimmen — vorn ihr alter Scheff
(wir schreiben schließlich auch „Schofför") —
sie schwimmen also durch das Meer.

Was heißt durchs „Meer"? — Sogar durch „Meere"!
Und manche altgediente Mähre,
wie überhaupt so manches Ferd
(mit „V" wär' es *total* verkehrt)
glaubt, es sei schnell wie ein Delphien!
(Das zweite „e" ist schlecht für ihn.)

Orthogravieh — das sieht man hier —
ist nicht ganz leicht für Mensch und Tier!

(→ E 2, E 7)

a) Welche Rechtschreibvorschriften macht Heinz Erhardt lächerlich?
b) Findet heraus, wie er das begründet.

Aus: *Heinz Erhardt:* Das große Heinz Erhardt Buch. Siegbert Mohn Verlag. Gütersloh o. J., S. 14.

DR MalR
Bruno Horst Bull 1.2.

GestRn früh auf 1 beim T
hatT UW ne ID.
Als dR Wind durch ST WT,
llf ne Q quR durch dI BT.
UW reckt sich auf dI C,
ruft AH, OH, OW!
Malt BhND auf nen ZL
ST, Q und andrN BettL,
m8 auch WG, roT RD,
und am ND noch 2 PfRD.

a) Einige von euch sollten den Text vorlesen.
b) Warum versteht ihr ihn dann besser?
c) Ihr findet sicher heraus, an welche Spielregel sich der Verfasser hält.

Aus: bundesdeutsch. Lyrik zur sache grammatik. Hrsg. von *rudolf otto wiemer.* Peter Hammer Verlag. Wuppertal 1974, S. 186.

C2   2. Spiele mit Wörtern und Wortbedeutungen
(→ D 8)

2.1.   Warum sollten diese Leute ihren Beruf wechseln?

Der Bademeister, der auf dem Trockenen sitzt.
Der Posaunist, der immer die erste Geige spielen will.
Der Schneider, der den Faden verliert.
Der Zoowärter, den der Affe laust.
Der Jäger, der die Flinte ins Korn wirft.
Das Kindermädchen, das das Kind mit dem Bade ausschüttet.
Der Förster, der den Wald vor lauter Bäumen nicht sieht.
Der Schauspieler, der aus der Rolle fällt.
Der Schuhmacher, der alles über einen Leisten schlägt.

Sucht zu den folgenden Redensarten Leute, die ihren Beruf wechseln sollten (→ B 9):
- auf dem letzten Loch pfeifen
- das Geld zum Fenster hinauswerfen
- Öl ins Feuer gießen
- auf keinen grünen Zweig kommen
- jemand, bei dem eine Schraube locker ist

2.2.   **Farbenspiel**   Johann Peter Hebel

In einer Schule saßen zwei Schüler, von denen hieß der eine *Schwarz*, der andere *Weiß*, wie es sich treffen kann; der Schullehrer aber für sich hatte den Namen *Rot*. Geht eines Tages der Schüler *Schwarz* zu einem andern Kameraden und sagt zu ihm: „Du, Jakob", sagt er, „der *Weiß* hat dich bei dem Schulherrn verleumdet." Geht der Schüler zu dem Schulherrn und sagt: „Ich höre, der *Weiß* habe mich bei Euch *schwarz* gemacht, und ich verlange eine Untersuchung. Ihr seid mir ohnehin nicht *grün,* Herr *Rot*!" Darob lächelte der Schulherr und sagte: „Sei ruhig, mein Sohn! Es hat dich niemand verklagt, der *Schwarz* hat dir nur etwas *weiß* gemacht."

<small>Aus: *Johann Peter Hebel:* Poetische Werke. Winkler Verlag. München 1961, S. 538.</small>

2.2.1.   Johann Peter Hebel spielt in diesem Text nicht nur mit der Bedeutung, sondern auch mit der Schreibweise der einzelnen Wörter. Um welche Wörter handelt es sich?

2.2.2. (S)   Schreibt eine ähnliche Geschichte. Ihr könnt dabei folgende Wendungen gebrauchen: „blaumachen", „schwarzfahren", „schwarzsehen", „sich schwarz ärgern", „grau in grau sehen", „Schwarzweißmalerei", „rotsehen".

Magisches Quadrat

Günter Bommert 2.3.

(M)

Es fuchst den Fuchs,
wenn der Luchs ihn beluchst.
Nicht stört es den Stör,
wenn der Wurm sich wurmt.
Es luchst der Fuchs,
und das fuchst den Luchs.
Nicht stört es den Wurm,
wenn der Stör sich wurmt.

Zwar wird ein Fuchs
vom Wurm gestört,
doch es fuchst keinen Stör,
wenn der Wurm ihn beluchst.
Eher stört es den Wurm,
wenn der Stör ihn beluchst,
und es wurmt den Luchs
wenn der Fuchs ihn stört.

Wenn der Luchs sich wurmt,
fuchst es nicht den Stör.
Es luchst der Wurm,
und das stört nicht den Fuchs.
Es luchst der Stör,
und das wurmt nicht den Fuchs,
und es stört nicht den Luchs,
und es fuchst nicht den Wurm.

Auch ein Luchs wird
empfindlich vom Wurm gestört.
Doch den Stör wurmt es nicht,
wenn der Fuchs ihn beluchst.
Und den Wurm fuchst es nicht,
wenn der Luchs ihn stört.
Doch den Fuchs stört es sehr,
daß der Luchs ihn wurmt.

Aus: Die Zeit, 24. 10. 1970.

Einige Strophen mit anderen „Tieren" könnt ihr selber basteln, (S)
wenn ihr folgende Wörter verwendet:
robben, tigern, fischen, grillen, sich schlängeln, ochsen,
büffeln, stieren, spinnen.

C₂

2.4. Abstoß ist bereits erfolgt, und unverzüglich starten die Müllers einen Gegenzug aus der Tiefe heraus ...

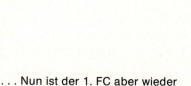

... Nun ist der 1. FC aber wieder am Drücker, und schon brennt es lichterloh im Strafraum der Müllerei ...

Aus: *Pit Flick*: Bomben ... Schüsse ... Steile Pässe. Artis Verlag Breker. Bergisch Gladbach 1963.

2.4.1. Der Zeichner spielt mit der Sprache der Fußballreporter. Wie macht er das?

2.4.2. An sich hatte die Regierungspartei bei der gestrigen Marathonsitzung einen guten Start und nützte den vorhandenen Spielraum; sogar einige Mitläufer aus den Reihen der Opposition, welche die Auseinandersetzung wohl als Sprungbrett in das künftige Kabinett betrachteten, leisteten Schrittmacherdienste. Sie erwiesen sich aber dann doch als Außenseiter, die durch die folgenden Argumentationen schnell überrundet wurden. Es ging nicht ganz ohne Tiefschläge ab; aber alles in allem wurde das Tauziehen um die weitere Laufbahn des Ministers fair zu Ende geführt.
   a) Hier wird die Sitzung einer politischen Partei mit Ausdrücken aus der Sportsprache beschrieben. Welche Sportarten werden erwähnt?
   b) Welche Wirkung wird damit beim Leser erreicht?

Aus: *Johannes Weinberg/Hermann Bausinger:* Deutsch für Deutsche. Fischer Bücherei. Frankfurt/M. 1971/1972.

3. Mehrdeutigkeit und Mißverstehen

Eulenspiegeleien (→ B 9)   3.1.

Eulenspiegel traf auf dem Markt einen Barbier. „Meister", fragte er, „kann ich bei Euch arbeiten?" — „Ja", sagte der Barbier, „dort, das Haus mit den großen Fenstern, da geh hinein."   3.1.1.

Volksgut

Ihr könnt euch sicher denken, was Eulenspiegel dann getan hat.

In einem Hörsaal der Universität Berlin prangte unter einem Kleiderhaken ein Schildchen mit der Aufschrift NUR FÜR DOZENTEN. Das ärgerte einen Studenten, und er schrieb darunter: „Kann auch zum Aufhängen von Mänteln benutzt werden."   3.1.2.

Ein Gast hatte seinen Hund mit ins Wirtshaus gebracht. Als der Wirt ihn aufmerksam machte: „Hunde mitnehmen verboten", sagte der Besucher: „Ich nehm' ja keinen mit, ich bringe einen."

Fritz trifft seinen alten Freund Robert. „Hallo, wie geht's, wie steht's? — Übrigens, könntest du mir 50 Mark leihen?" — Robert durchsucht seinen Geldbeutel. „Tut mir leid, ich habe nicht so viel dabei." — „Und daheim?" fragte Fritz. — „Oh, daheim — da sind alle wohlauf und zufrieden."

Volksgut

Der Berliner Student, der Wirtshausgast und Robert sind moderne Eulenspiegel. Warum?

Eine Werbetafel lautete, wie folgt: 3.1.3. (S)

Da nahmen Lausbuben das Mittelstück heraus und schoben die beiden äußeren Hälften zusammen.
Was stand nach dem Lausbubenstreich auf der Werbetafel?

Aus: *Hans Weis*: Spiel mit Worten. Deutsche Sprachspielereien. Ferdinand Dümmler's Verlag. Bonn 1976, S. 126–132 (gekürzt).

3.2. Unfreiwillige Komik (→ D 8)

An einem Leopardenkäfiggitter hing die Tafel „Frisch gestrichen". Enttäuscht meinte eine Besucherin: „Und ich hatte immer geglaubt, die Flecken seien echt."

Ein Malermeister kommt mit seinem Lehrling auf den Neubau. Er gibt ihm den Auftrag: „Streich zuerst die Fenster. — Dann sehen wir weiter." — „Ist gut", sagt der Lehrbub. — Nach etwa zwei Stunden kommt er zurück: „Meister, ich bin so weit. Soll ich jetzt auch noch die Fensterrahmen streichen?"

Im Fotogeschäft. Die hübsche, junge Dame verlangt einen Film. „24 mal 36 oder 6 mal 9?" fragt der Verkäufer. — „So viel auf einmal kann ich nicht rechnen", sagt die Hübsche und wird rot dabei.

Auf dem Speicher eines Rathauses hängten auch die Frauen der niederen Beamten ihre Wäsche zum Trocknen auf. Eines Tages wurde eine Tafel angebracht: „Nur zum Aufhängen für Ratsherren!"

Ein Pfarrer hatte für die Weihnachtsfeier seiner Gemeinde ein Schild bestellt Der Malermeister erledigte den Auftrag. Bei der Ablieferung sah es dann so aus:
Uns ist ein Kind geboren
(ein Meter achtzig lang und sechzig Zentimeter breit)

Graf Bobby ist im Finanzamt vorgeladen. Im Zimmer nebenan schreit ein Oberinspektor. „Hörn S', was schreit denn der so?" fragt Bobby die Dame an der Schreibmaschine. — „Er spricht gerade mit Hamburg", erwidert die Blondierte. — „Aber gehn S' weiter", meint Bobby, „wieso macht er das nicht per Telefon?"

Volksgut

Die Leute, über die wir in diesen Witzen lachen müssen, sprechen oder schreiben grundsätzlich nichts Unsinniges. — Was machen sie trotzdem verkehrt?

Lösung der Aufgabe von 3.1.
— letzter Text („Lausbubenstreich"):

In der Oper

Unbekannter Verfasser 3.3.

„Ich war in der Oper."
„Nu, war's schön?"
„Wie ich hingegangen bin, war's schön. Auf dem Heimweg hatten wir Regen."
„Ich frag nicht nach dem Wetter. Ich frag: Was haben sie gegeben?"
„Fünf Gulden."
„Unsinn. Ich meine: Was haben die Schauspieler gegeben?"
„Die? Nix. Die sind gratis hineingekommen."
„Aber verstehen Sie doch endlich. Ich meine: In was waren Sie?"
„Im dunklen Anzug."
„Ich frag nicht, was sie anhatten, sondern: Auf was waren Sie?"
„Auf Fauteuil zehnte Reihe."
„Himmel! Ich frage doch: Was hat man gespielt?"
„Ach so! ‚Tristan und Isolde'."
„War's schön?"
„Nu — me lacht."

Aus: *Salcia Landmann* (Hrsg.): Jüdische Witze. Walter Verlag. Olten 1962, S. 196.

a) Lest den Text zu zweit mit verteilten Rollen, und achtet darauf, daß sich die (M)
   beiden Personen deutlich unterscheiden.
b) Ihr könnt sicher begründen, warum die Frage „Nu, war's schön?" am Schluß
   noch einmal gestellt wird?
c) Versucht zu erklären, wie es zu den einzelnen Mißverständnissen kommt.
d) Wer erkennt den Witz, der in der letzten Antwort steckt?

4. Erzähltechniken
(→ A 4.2., B 10)

4.1. Lügengeschichten, die sich die Negerkinder in Amerika erzählen
Frederik Hetmann

Der größte Mann

Wie sah denn der größte Mann aus, den du je gesehen hast?

Mm, der größte Mann, den ich je gesehen habe, der bekam im Himmel die Haare geschnitten und ließ sich gleichzeitig in der Hölle die Schuhe putzen.

Die dunkelste Nacht

Und wie war die dunkelste Nacht, die du je erlebt hast?

Tja, die dunkelste Nacht, die ich je erlebt habe ... da klopfte ein Regentropfen an meine Haustür und bat mich, ihm eine Kerze zu borgen, damit er den Weg bis auf den Boden finde.

Der kleinste Mensch

Und wie sah der kleinste Mensch aus, den du je gesehen hast?

Tja, der kleinste Mensch, den ich je gesehen habe, der saß auf einem Pfennigstück, ließ die Füße runterhängen, und sie berührten nicht einmal den Boden.

Der kälteste Tag

Welches war der kälteste Tag, den du je erlebt hast?

Am kältesten Tag, den ich je erlebt habe ... da trug die Sonne einen Mantel, als sie aufging, und als sie unterging, hatte sie ein Bündel Feuerholz unter dem Arm.

Der heißeste Tag

Welches war denn der heißeste Tag?

Da war es so heiß, daß zwei Portionen Eis über die Straße gingen und sich Kühlung zufächern mußten.

Aus: Das achte Weltwunder. 5. Jahrbuch der Kinderliteratur. Hrsg. von *Hans-Joachim Gelberg*. Verlag Beltz & Gelberg. Weinheim, Basel 1979, S. 140 – 141.

Was meinst du: Ärgern sich die Negerkinder über die Lügen, die ihnen die anderen erzählen, oder lachen sie darüber?	4.1.1.
Welche Lügengeschichte gefällt dir am besten? Welche am wenigsten? Warum?	4.1.2.
Erfinde selber Lügengeschichten, z. B. über – das schnellste Auto, – den dicksten Baum, – das lauteste Moped, – die leichteste Schultasche.	4.1.3. (M)

Die Geschichte vom Wind   Walter Schmögner   4.2.

Diese Geschichte erzählt von einem Müller, der eine Windmühle besitzt. Er ist schon ziemlich alt, und sein Hund auch. Seine Frau ist schon gestorben. Seine Kinder sind verheiratet und leben weit weg von hier. Im Herbst, wenn das Korn reif ist und der Wind am stärksten bläst, hat der Müller die größte Arbeit.
An einem dieser Herbsttage macht er sich auf den Weg zum Bauern, um das gemahlene Korn zu liefern und um neues zu holen. Er fühlt sich zufrieden. Der Wind ist besonders stark, das Mehl besonders fein, und der Karren wirkt durch den Rückenwind besonders leicht.
Auf dem Rückweg kommt er in Schwierigkeiten. Der Wind ist noch stärker geworden, aber jetzt bläst er als Gegenwind. So plagt sich der alte Mann sehr, um vorwärts zu kommen. In Sichtweite seiner Mühle verlassen ihn die Kräfte. Der Abend bricht an, und er überlegt, was er jetzt tun könnte. Er legt sich erschöpft auf die Säcke und schläft ein. Er träumt vom Rückenwind.
Im Morgengrauen erwacht der Müller. Es ist windstill. Er nimmt seinen Karren, und als er näher zu seiner Mühle kommt, wundert er sich nicht wenig, denn die Mühle, die Wiesen, die Felder, die Berge sind ganz weiß. Mein kostbares Mehl, seufzt der Müller. Er nimmt einen Besen, um das Mehl zusammenzukehren.
Da war es Schnee.

a) An welcher Stelle beginnt die eigentliche Handlung der Geschichte?
b) Sage ehrlich: Hast du gleich gewußt, daß es nicht Mehl, sondern Schnee war? Wenn ja, mußt du auch erklären, wie du darauf gekommen bist.
c) Wie erklärst du dir, daß der Müller meint, sein „kostbares Mehl" habe alles weiß gemacht?
d) Warum hat der Autor im letzten Satz wohl die Tempusform des Verbs gewechselt?   (G)

Aus: *Elisabeth Borchers* (Hrsg.): Das Insel-Buch für Kinder. Insel Verlag. Frankfurt/Main 1979, S. 265.

4.3. **Das wohlfeile Mittagessen** Johann Peter Hebel

Es ist ein altes Sprüchwort: Wer andern eine Grube gräbt, fällt selber darein. — Aber der Löwenwirt in einem gewissen Städtlein war schon vorher darin. Zu diesem kam ein wohlgekleideter Gast. Kurz und trotzig verlangte er für *sein* Geld eine gute Fleischsuppe. Hierauf forderte er auch ein Stück Rindfleisch und ein Gemüs, für sein Geld. Der Wirt fragt ganz höflich: ob ihm nicht auch ein Glas Wein beliebe? „O freilich ja", erwiderte der Gast, „wenn ich etwas Gutes haben kann für mein Geld." Nachdem er sich alles wohl hatte schmecken lassen, zog er einen abgeschliffenen Sechser aus der Tasche und sagte: „Hier, Herr Wirt, ist *mein* Geld." Der Wirt sagte: „Was soll das heißen? Seid Ihr mir nicht einen Taler schuldig?" Der Gast erwiderte: „Ich habe für keinen Taler Speise von Euch verlangt, sondern für *mein Geld.* Hier ist *mein Geld.* Mehr hab ich nicht. Habt Ihr mir zuviel dafür gegeben, so ist's Eure Schuld." — Dieser Einfall war eigentlich nicht weit her. Es gehörte nur Unverschämtheit dazu, und ein unbekümmertes Gemüt, wie es am Ende ablaufen werde. Aber das Beste kommt noch. „Ihr seid ein durchtriebener Schalk", erwiderte der Wirt, „und hättet wohl etwas anderes verdient. Aber ich schenke Euch das Mittagessen und hier noch ein Vierundzwanzigkreuzerstück dazu. Nur seid stille zur Sache, und geht zu meinem Nachbarn, dem Bärenwirt, und macht es ihm ebenso." Das sagte er, weil er mit seinem Nachbarn, dem Bärenwirt, aus Brotneid im Unfrieden lebte, und einer dem andern jeglichen Tort und Schimpf gerne antat und erwiderte. Aber der schlaue Gast griff lächelnd mit der einen Hand nach dem angebotenen Geld, mit der andern vorsichtig nach der Türe, wünschte dem Wirt einen guten Abend, und sagte: „Bei Eurem Nachbarn, dem Herrn Bärenwirt, bin ich schon gewesen, und eben der hat mich zu Euch geschickt und kein anderer."
So waren im Grunde beide hintergangen, und der dritte hatte den Nutzen davon. Aber der listige Kunde hätte sich noch obendrein einen schönen Dank von beiden verdient, wenn sie eine gute Lehre daraus gezogen, und sich miteinander ausgesöhnt hätten. Denn Frieden ernährt, aber Unfrieden verzehrt.

a) Erkläre, wodurch sich der Löwenwirt von dem Gast täuschen läßt.
b) Wie kann der Autor behaupten, daß der Löwenwirt „schon vorher" in der Grube war?
c) Hältst du es für richtig, daß der Autor durch den Hinweis „Aber das Beste kommt noch" den Ausgang der Geschichte verrät?
d) Was vermutest du: Haben die beiden Wirte aus ihrem Reinfall eine „gute Lehre" gezogen? Belege deine Meinung am Text.

Aus: *Johann Peter Hebel*: Poetische Werke. Winkler Verlag. München 1961, S. 40.

5. Erzählgedicht

Der rechte Barbier
Adelbert von Chamisso

„Und soll ich nach Philisterart
Mir Kinn und Wange putzen,
So will ich meinen langen Bart
Den letzten Tag noch nutzen.
Ja, ärgerlich, wie ich nun bin,
Vor meinem Groll, vor meinem Kinn
Soll mancher noch erzittern.

Holla! Herr Wirt, mein Pferd! Macht fort!
Ihm wird der Hafer frommen.
Habt ihr Barbierer hier am Ort?
Laßt gleich den rechten kommen.
Waldaus, waldein, verfluchtes Land!
Ich ritt die Kreuz und Quer und fand
Doch nirgends noch den rechten.

Tritt her, Bartputzer, aufgeschaut!
Du sollst den Bart mir kratzen;
Doch kitzlig sehr ist meine Haut,
Ich biete hundert Batzen;
Nur, machst du nicht die Sache gut,
Und fließt ein einzges Tröpflein Blut, —
Fährt dir mein Dolch ins Herze."

Das spitze, kalte Eisen sah
Man auf dem Tische blitzen,
Und dem verwünschten Ding gar nah
Auf seinem Schemel sitzen
Den grimmgen, schwarzbehaarten Mann
Im schwarzen, kurzen Wams, woran
Noch schwärzre Troddeln hingen.

Dem Meister wird's zu grausig fast;
Er will die Messer wetzen,
Er sieht den Dolch, er sieht den Gast,
Es packt ihn das Entsetzen;
Er zittert wie das Espenlaub,
Er macht sich plötzlich aus dem Staub
Und sendet den Gesellen.

„Einhundert Batzen mein Gebot,
Falls du die Kunst besitzest;
Doch merk es dir, dich stech ich tot,
So du die Haut mir ritzest."
Und der Gesell: „Den Teufel auch!
Das ist des Landes nicht der Brauch."
Er läuft und schickt den Jungen.

„Bist du der rechte, kleiner Molch?
Frisch auf! Fang an zu schaben;
Hier ist das Geld, hier ist der Dolch,
Das beides ist zu haben!
Und schneidest, ritzest du mich bloß,
So geb ich dir den Gnadenstoß;
Du wärest nicht der erste."

Der Junge denkt der Batzen, druckst
Nicht lang und ruft verwegen:
„Nur still gesessen, nicht gemuckst!
Gott geb euch seinen Segen!"
Er seift ihn ein ganz unverdutzt,
Er wetzt, er stutzt, er kratzt, er putzt:
„Gottlob! Nun seid Ihr fertig." —

„Nimm, kleiner Knirps, dein Geld nur hin;
Du bist ein wahrer Teufel!
Kein andrer mochte den Gewinn,
Du hegtest keinen Zweifel;
Es kam das Zittern dich nicht an,
Und wenn ein Tröpflein Blutes rann,
So stach ich dich doch nieder." —

„Ei! Guter Herr, so stand es nicht,
Ich hielt Euch an der Kehle;
Verzucktet Ihr nur das Gesicht
Und ging der Schnitt mir fehle,
So ließ ich Euch dazu nicht Zeit,
Entschlossen war ich und bereit,
Die Kehl Euch abzuschneiden." —

„So, so! Ein ganz verwünschter Spaß!"
Dem Herrn ward's unbehäglich;
Er wurd' auf einmal leichenblaß
Und zitterte nachträglich:
„So, so! Das hatt' ich nicht bedacht,
Doch hat es Gott noch gut gemacht;
Ich will's mir aber merken."

Aus: *Adelbert von Chamisso*: Werke. Hrsg. von *Hermann Tardel*. Bibliographisches Institut. Bd. 1. Leipzig, Wien, 1907.

a) Sucht aus dem Text heraus, was man über den Fremden erfährt, der sich den Bart abnehmen läßt.
b) Drei Barbiere treten nacheinander auf. Vergleicht sie.
c) Am Schluß gibt es Überraschungen. Welche?

6. Redeabsicht und Mitteilungstechniken

s war einmal - es ist schon lange her ..." erzählte Großmutter. Thomas und Katrin lagen mucksmäuschenstill in ihren Betten.

6.1.

„... und Dornröschen lebte mit seinem Prinzen glücklich und froh. Und wenn sie nicht ge ...". Thomas und Katrin waren inzwischen die Augen zugefallen.

Großmutter rutschte die Brille die Nase herunter, und Dornröschens Schloß hatte noch eine Schläferin.

Da öffnete sich ganz leise die Tür, und Mutter fand Kinder und Oma schlafend. Sie breitete eine Decke über Großmutters Knie und legte darauf eine Packung Schokolade.

In goldenen Lettern stand darauf „merci", und über dem „i" leuchtete ein rotes Herz. Die alte Uhr tickte...

die reinste Schokoladenfreude

Aus: *Anzeige der Firma August Storck, Halle (Westf.).*

---

a) Was hat die Geschichte von der märchenerzählenden Großmutter mit der Merci-Schokolade zu tun?
b) Welchen Trick wendet der Werbetexter an?

Wunder über Wunder   Roswitha Fröhlich   6.2.

Wunder über Wunder, sagte der Werbetexter und zauberte schnell noch einige Wunder hinzu.
Wunderwohliges Wannenglück, nannte er die neue Badeseife, wundergleiche Wangenweiche, nannte er den neuen Rasierschaum, und ein Wunder an Klarsicht versprach er bei der Verwendung des neuen Fensterputzmittels.
Dann aber geschah etwas Peinliches. Der Werbetexter begann sich nämlich plötzlich zu wundern. Warum, so fragte er sich, fällt mir kein besseres Wort für WUNDER ein? Sollte ich's nicht einmal mit einer Steigerung versuchen?
Er erhob sich aus seinem wunderwuchtigen Waschcordsessel, schritt nachdenklich über den wunderwuscheligen Wigwamteppich und grübelte angestrengt nach. Aber bis heute ist ihm noch kein besseres Wort eingefallen.

a) Warum fällt dem Werbetexter kein besseres Wort für „Wunder" ein?
b) Was will der Verfasser mit dem Text erreichen?

Aus: *Das achte Weltwunder. 5. Jahrbuch der Kinderliteratur.* Hrsg. von *Hans-Joachim Gelberg.* Verlag Beltz & Gelberg. Weinheim, Basel 1979, S. 225 – 226.

C6

6.3. **Skifahren**

6.3.1. *Abfahrtslauf Herren*
Im D-Zug-Tempo sicher auf zwei Brettern

Gestartet wird beim Abfahrtslauf einzeln in einem Abstand von 60 Sekunden. Die Reihenfolge wird in Leistungsgruppen ausgelost. Jede Nation kann vier Läufer nominieren.

1 Mit über 100 km/h jagt der Abfahrtsläufer die Piste hinunter. Um möglichst windschlüpfrig zu sein, trägt er eine enge Renn-Kombination im Astronauten-Look.
2 Beim Start passiert der Rennläufer ein Tor mit einem beweglichen Arm, der die Zeitmessung auslöst.
3 Im Ziel durchläuft er eine elektrische Lichtschranke. Wenn die beiden Lichtstrahlen unterbrochen werden, wird die Zeit gestoppt. Vorgestreckte Skistöcke oder Arme geben keinen Zeitvorteil.
4 Kontrolltore zeigen dem Läufer den Streckenverlauf und zwingen ihn, gelegentlich seine Geschwindigkeit zu drosseln.
5 Die Abfahrtsstrecke in Sapporo ist für Herren 2559, für Damen 2095 m lang; der Höhenunterschied beträgt bei den Herren 756, bei den Damen 627 m.
6 Um Kopfverletzungen bei Stürzen zu vermeiden, muß der Abfahrtsläufer einen Plastikhelm mit Kinnriemen tragen.
7 Eine Vollsicht-Brille schützt die Augen vor dem starken Fahrtwind.
8 Der Handrücken der Skihandschuhe ist gepolstert.
9 Die Plastikgriffe der Rennstöcke sind für die rechte und linke Hand asymmetrisch geformt.
10 Der Rennschuh hat einen unbeweglichen Außenschaft. Die Ferse (a) ist erhöht, der Schnallenverschluß (b) regulierbar, das Lederfutter (c) weich und der Fußform angepaßt. Die Parallelsohle (d) läßt sich nicht bewegen.
11 Die Sicherheitsbindung schützt vor Beinbrüchen bei Stürzen. Die Fersenautomatik öffnet sich durch Hebeldruck (Pfeil).
12 Die Vorderbacken springen bei hartem Verkanten des Fußes auf.
13 Die Fersenbindung des Abfahrtsläufers.
14 Der Abfahrtsski ist länger und breiter als der normale — weicher in der Vorderhälfte und härter in der hinteren Skihälfte.

Aus: Stern Magazin, Heft Nr. 6, Januar 1972, S. 105.

a) Welche Teile der Skiausrüstung und der Sportgeräte werden beschrieben? Überprüfe, wie genau. (→ D 1.2. – D 1.4.)
b) Was erfährt man darüber, wie sie funktionieren?
(S) c) Der Wort-Bild-Text wurde zur Winter-Olympiade 1972 verfaßt. Einiges müßte heute umgeschrieben werden? Welche Teile?

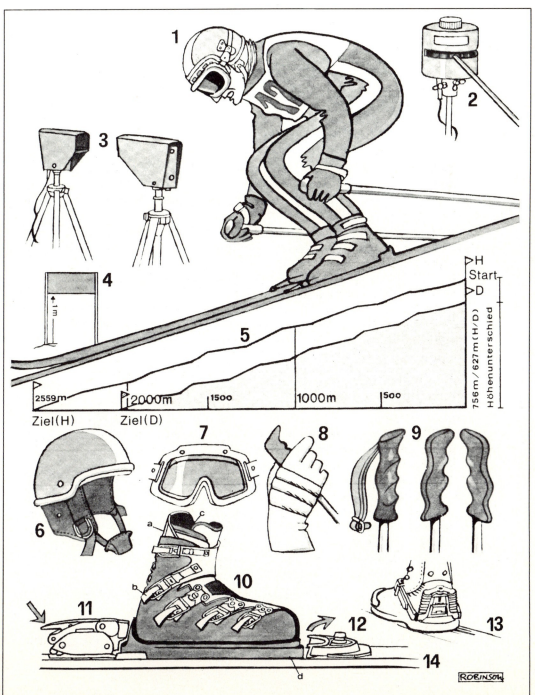

C6

6.3.2. **Schilauf.** Funde und Sprachforschungen sagen uns, daß es im Norden Europas schon vor 4000 Jahren ein Schigerät gegeben hat, das bei der Jagd verwendet wurde. Die früheste Kunde aus Mitteleuropa stammt aus dem 17. Jh.: Die slowenischen Bauern in der Gegend von Laibach seien tüchtige Schifahrer. Alle Pioniere des Schilaufs wurden zunächst verlacht. Durch → Nansens kühne Forschungsreise durch Grönland auf Schneeschuhen (1888) änderte sich dies. Die Lappen und Finnen waren wahrscheinlich die ersten „Schiläufer" und die Lehrmeister für die Völker des nördlichen Asiens und Europas. Die Nordgermanen zählten zu ihren gelehrigsten Schülern.

Wegbereiter des neuzeitlichen Schilaufs waren die Norweger. Der entscheidende Schritt von der norwegischen Flachlauf-Fahrweise zur alpinen Fahrweise gelang dem Österreicher Matthias Zdarsky. Er gilt als der Schöpfer der alpinen Schilauftechnik. Er verfaßte auch das erste wirklich brauchbare Schilehrbuch der Welt: „Alpine (Lilienfelder) Schifahrtechnik" (1896). Diese Technik beruhte im wesentlichen auf dem Stemmfahren. Seither hat die alpine Schilauftechnik manche Wandlung erfahren. Der Schilauf entwickelte drei Hauptformen: Langlauf, Sprunglauf, alpiner Lauf.

Vergleiche den Lexikonartikel mit dem Text „Im D-Zug-Tempo sicher auf zwei Brettern".

Aus: Ravensburger Schülerlexikon. Otto Maier Verlag. Bd. 5. Ravensburg 1976, S. 156 – 157. Lizenzausgabe von: Die Welt von A – Z. Hrsg. von *Richard* und *Maria Bamberger*. Für die Ravensburger Taschenbücher bearbeitet von *Conrad Schurbohm* (Verlag Ole Hansen) und *Ulrich Störiko* (Redaktion Ravensburger Taschenbücher).

1. Sprachzeichen

D₁

Lautfolgen (Buchstabenfolgen) und ihre Bedeutungen   1.1.

Frosch, Kuckuck, bimmeln, Kopf, plätschern, summen, Glocke, Rind, quieken, Haus, Brille, quaken, Spatz, muhen, tschilpen   1.1.1.

Bei welchen Wörtern hört man gleich, wie sie entstanden sind, bei welchen nicht?

sobaka
chien
dog
koër
Hund   1.1.2.

Welche dieser Buchstabenketten (beim Sprechen: Lautketten) verweisen auf das Bild? Ein Russe würde *sobaka* zuordnen, ein Franzose *chien*, ein Engländer *dog*, ein Este *koër,* ein Deutscher *Hund*.

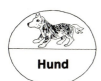
Hund

Lautkette
Bedeutung

Die Sprachbenutzer einer jeden Sprache haben eine eigene Lautkette zugeordnet. Erst wenn du diese Zuordnung gelernt hast, hat eine Lautkette für dich eine Bedeutung.

Lautkette und Bedeutung zusammen machen das Sprachzeichen aus.

In Amsterdam steht an einer Haustür: 1.1.3.

D1

1.1.4. Manchmal sprechen Erwachsene mit kleinen Kindern von:
Kikeriki, Wauwau, Ticktack
Warum sagen sie nicht gleich *Hahn, Hund, Uhr*?
a) Von welchen Lautfolgen kannst du auf die Bedeutung schließen? Warum?

> Im allgemeinen kann man einer Lautfolge nicht entnehmen, welche Bedeutung ein Wort hat. Die Bedeutung ist in jeder Sprache festgelegt.
> Darum muß man sie für jede Sprache lernen.

b) Stelle die Wörter *Hahn, Hund, Uhr* als sprachliche Zeichen wie in 1.1.2. dar.

1.2. Der Gebrauch von Sprachzeichen

1.2.1. Ein Berliner Junge will in Flensburg Brötchen kaufen: „Fünf Schrippen, bitte!" – „Was willst du?" – „Na, wie sagt ihr denn hier? Semmeln?" – „Was?" – „Wekken?" – „???" – „Na, die da meine ich!" – „Ach, du willst Rundstücke!"
a) Warum können der Berliner Junge und der Bäcker in Flensburg sich so schlecht verständigen? Wie sagen Berliner, Schleswig-Holsteiner, Bayern und Badener zu Brötchen?

> Für dieselbe Sache gibt es im Deutschen manchmal verschiedene Wörter, Menschen in verschiedenen Gegenden brauchen oft unterschiedliche Bezeichnungen.

b) Suche verschiedene Bezeichnungen für *Fleischer,* für *Kartoffelpuffer*.
c) Stellt die Begrüßungs- und Verabschiedungsformen zusammen, wie sie in verschiedenen Gegenden Deutschlands üblich sind. Wie ist es in der Schweiz, wie in Österreich?

1.2.2. Dasselbe Wort kann aber auch verschiedenes bedeuten, je nach Verwendungsbereich, z. B.:
Kerze im Haushalt, in der Autowerkstatt, beim Bodenturnen, auf dem Fußballplatz.
Suche unterschiedliche Verwendungsbereiche für die Wörter *Leder, Kanal, Kreuzung, Gang, Land.*

1.2.3. Stell dir die Situation auf einem Schiff vor:
Warum sagt der Steuermann nicht: „Rechts ist die Seite, aus der der Wind kommt." „Links ist die Seite, die vom Wind abgewandt ist."

Hier sind einige Wörter, die in besonderen Situationen etwas ganz Bestimmtes bedeuten. Ordne sie nach den drei Situationsbereichen, und erkläre sie.

Bereich Schiff	Bereich Arbeit	Bereich Autowerkstatt

Maulschlüssel, Focksegel, Überstunden, Unterwäsche, streiken, schlingern, Akkord, halsen, Steven, stempeln, aufbocken, Fließband, abschmieren, fieren, Feierschicht, Großbaum, Keilriemen, Heck, Luv, Kurbelwelle, Lee, Lohnrunde

In diesem Text aus der Biologie werden bestimmte Eigenschaften des Raubtiergebisses mit Fachausdrücken beschrieben:

1.2.4.
(T)

Gemeinsamkeiten der Raubtiere

Übereinstimmung läßt sich am Gebiß erkennen, obwohl sich die ursprüngliche Zahnformel bei einzelnen Arten im Laufe der Zeit den unterschiedlichen Nahrungsgewohnheiten angepaßt und verändert hat. Fast alle Raubtiere besitzen je sechs Schneidezähne und je zwei starke Fangzähne (Eckzähne), die als scharfe Dolche ausgebildet sind. Die sogenannten „Reißzähne" des Raubtiergebisses, aus dem letzten Vorbackenzahn des Oberkiefers und dem ersten Backenzahn des Unterkiefers bestehend, wirken beim Zerschneiden des Fleisches wie Brechscheren zusammen. Ihre Spitzen und Zacken passen mit den zugeordneten Aussparungen im Gegenkiefer zusammen. Raubtiere beißen „seitlich" mit schräggeneigtem Kopf, um die Schneide- und Brechwirkung zu unterstützen.

Aus: *Walter Schneider*: Knaurs Katzenbuch. Droemersche Verlagsanstalt. München 1977, S. 13/14.

Neue Sprachzeichen (→ C 6.3.)

1.3.
1.3.1.

a) Wie heißen diese Schreibgeräte?
b) Man hat neue Gegenstände erfunden. Man mußte sie sprachlich bezeichnen. Überlege, warum man die Gegenstände so benannt hat.
c) Man hätte auch *Tintengriffel* und *Tankschreiber* sagen können. Erfinde weitere mögliche Benennungen.

D₁

1.3.2. Wie heißen diese Gegenstände? Wie könnte man sie auch benennen? Erfindet deutsche Benennungen.

D1

> Neue Wörter werden gebildet, indem ihre wichtigsten Bedeutungsmerkmale mit vorhandenen Wörtern benannt werden.
> Oft entsteht das neue Wort durch Zusammensetzung. (→ C 6.3.)

1.4.

Im folgenden Text über die Herkunft der Hauskatze werden verschiedene Katzenarten als Vorfahren genannt.
Stelle sie zusammen.
Erkläre die Namen, bei denen du Bedeutungsmerkmale erkennst.

1.4.1.

Von der Herkunft der Hauskatze (T)

Die Größe der Kleinkatzen reicht von der zwergwüchsigen Schwarzfußkatze *(Felis nigripes)* Südafrikas bis zum leopardengroßen amerikanischen Puma, den man früher zu den Großkatzen rechnete. Heute betrachtet man ihn als Riesenform der Kleinkatzen, zu denen die kurzbeinige Wieselkatze ebenso gehört wie der langbeinige afrikanische Serval, der dem (eine selbständige Unterfamilie bildenden) Geparden von weitem ähnlich sieht und oft mit ihm verwechselt wird.
Unsere Hauskatze *(Felis catus* nach Linné oder *Felis domestica)* ist aus der Gruppe der Wildkatzen hervorgegangen. Diese haben sich in den warm-trockenen Gebieten Asiens entwickelt und als sonnenliebende Tiere nie den hohen Norden erreicht. Die Wildkatze ist heute mit vielen Unterarten über den eurasischen und den afrikanischen Raum verbreitet.
Je nach Herkunft und Umgebung variiert die Fellfarbe. Wüstenbewohnende Unterarten zeigen eine helle Sandfarbe, Bewohner von Feuchtgebieten und Sumpflandschaften eine mehr ins Braun bis Rötliche spielende Färbung, Waldwildkatzen sehen grauer aus. Die Fellmuster reichen von Querstreifen und Fleckung bis zur fast völligen Einfarbigkeit.
Es galt lange Zeit für sicher, daß die Hauskatze ausschließlich von der nordostafrikanischen Form der Falbkatze *(Felis silvestris libyca)* abstammt — wohl, weil die meisten Kulturzeugnisse und Abbildungen aus Ägypten stammten, wo sie sich im trockenen Wüstenklima besser erhielten. Außerdem waren die Ägypter besondere Freunde der so hilfreichen Mäusejägerin, die sie nicht nur als Tempelgöttin verehrten, sondern auch häufig abbildeten. Zudem glaubte man feststellen zu können, daß sich gerade die Falbkatze dem Menschen besonders gern anschließt — ein Grund mehr, von ihr die Abkunft der Hauskatze herzuleiten.
Heute gilt als gesichert, daß daneben auch die Asiatische (Indische) Steppenkatze als Ahnin der Hauskatze zu gelten hat. Bei unserer Europäischen Kurzhaarkatze vom Plumptyp mag auch die Einkreuzung durch die heimische Waldwildkatze eine Rolle spielen.

Aus: *Walter Schneider:* Knaurs Katzenbuch. Droemersche Verlagsanstalt. München 1977. S. 14/15.

D1

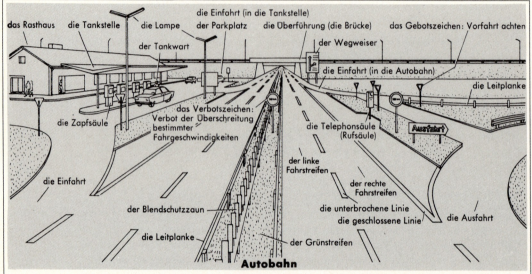

Aus: Brockhaus Enzyklopädie. Verlag F. A. Brockhaus. Bd. 24. Wiesbaden 1976, S. 75.

1.4.2. Die Entwicklung des Verkehrs hat zu vielen neuen Wörtern geführt.
(T) Das zeigt die Eintragung „Autobahn" in einem Bildwörterbuch.
Suche diejenigen heraus, deren Bedeutungsmerkmale in ihre Benennung eingegangen sind.

2. Code

D2

Eine verschlüsselte Nachricht 2.1.

In der Funkerkabine eines Bananendampfers piept es aus dem Empfänger. 2.1.1.
„Eine Anweisung der Reederei", sagt der Funker und freut sich. Der Moses will wissen, warum. „Tja, Junge, entschlüssele das doch selbst", sagt der Funker und gibt dem Jungen die Nachricht.

```
−·  ·  ·−−     −−−  ·−·  ·−·  ·  ·−  −·−−     ·−  −·  ·−−  ·  ·−  ·−·  ·−·  ·  −·     −−·−··
····  ··  ·−·  ·−·  ···  −−  ·−  ···  −−−−  ·−·  ··  ·     ·−−  −−··  ·−·  ····  −−−  −−  ·−·  −·
·−·  ·  ·−  ···  −·     ·−·−·−     ·−−  ·−  ·−·  −−··  ·  ·  −
····−  −−−−·     ···  −··−  ·−  ·−·  ·−·  ·     ·−·−·−
```

Zum Entschlüsseln braucht man den Morse-Code:

Buchstaben:
- a ·−
- ä ·−·−
- b −···
- c −·−·
- ch −−−−
- d −··
- e ·
- f ··−·
- g −−·
- h ····
- i ··
- j ·−−−
- k −·−
- l ·−··
- m −−
- n −·
- o −−−
- p ·−−·
- q −−·−
- r ·−·
- s ···
- t −
- u ··−
- ü ··−−
- v ···−
- w ·−−
- x −··−
- y −·−−
- z −−··

Ziffern:
- 1 ·−−−−
- 2 ··−−−
- 3 ···−−
- 4 ····−
- 5 ·····
- 6 −····
- 7 −−···
- 8 −−−··
- 9 −−−−·
- 0 −−−−−

Satzzeichen (Auswahl)   Punkt ·−·−·−   Komma −−··−−
Notruf: SOS ···−−−···   Irrung ········
Verstanden ···−·   Schlußzeichen ·−·−·

Verknüpfungsregeln: Zwischen den Elementen eines Buchstabens ist der Abstand eine Punktlänge, zwischen Buchstaben ist er zwei Punktlängen, zwischen Wörtern 5 Punktlängen.

Entschlüssele auch diese Mitteilung: 2.1.2.

```
−··  ·  ·  ····     −−  ·−  −·  ·−·  ·  −−·     ··  ···  −     ·−·  −−−  −··  ·−−·
·−·  ·−     −·−  ·−  −−  −·  ·  ·  ·−·     ···  ···  −·     ·−−  ·−·  ·−·  ···
−−  ·−  −·     −·−  ·−·     −−  ·−  −·  ·−·  ·−  −·  −−     −·−·  ·−·  ·−·  ·−·
····−  −−−−·     ·−·  ·−     ·−−  ·−  ·−·  −−··  ·−  ·     ·−·−·−
```

D₂

2.2. Blindenschrift

Alphabet

A B C D E F
G H I J K L
M N O P Q R
S T U V W X
Y Z Ä Ö Ü AU
ÄU EU EI CH SCH IE

Satzzeichen

, ; : . ? !
( ) „ " * —

Ziffern

Zahlenzeichen 1 2 3 4
5 6 7 8 9 0

Aus: Brockhaus Enzyklopädie. Verlag F. A. Brockhaus. Bd. 2. Wiesbaden 1967, S. 812.

2.2.1. Die Zeichen in der Blindenschrift, die hier wiedergegeben sind, erscheinen als Erhöhungen in einem Kartonpapier. Erhöhungen sind jeweils nur die dicken Punkte.
Wie ist dieser Code angelegt? Warum?

2.2.2. Wie unterscheiden sich die Satzzeichen von den ersten Buchstaben?

Winker-ABC

2.3.

Winker-ABC wird das Winken mit zwei gleichen Fahnen genannt. Jede Flaggenstellung bedeutet einen Buchstaben.

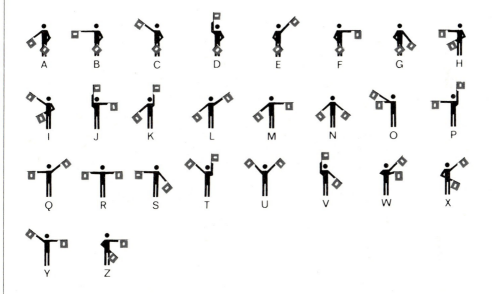

2.3.1.

Aus: *Hans Peter Thiel*: Erklär mir das Meer. Piper Verlag. München ²1974, S. 98.

Alle diese Zeichensysteme sind Codes. 2.4.
Was wird verschlüsselt? Warum wählt man zur Verständigung solche Codes?

D₂

2.5. Im Grammatik-Duden werden folgende Abkürzungen verwendet:

a. a. O. = am angegebenen Ort	Ind., Indik. = Indikativ	Prät. = Präteritum
aengl. = altenglisch	Inf. = Infinitiv	s. = siehe
afrz. = altfranzösisch	intr. = intransitiv	S. = Seite
ahd. = althochdeutsch	it. = italienisch	Sing. = Singular
Akk. = Akkusativ	Jh. = Jahrhundert	sog. = sogenannt
Akt. = Aktiv	jur. = juristisch	spätahd. = spätalthochdeutsch
alltagsspr. = alltagssprachlich	kaufm. = kaufmännisch	spätlat. = spätlateinisch
amerik. = amerikanisch	Kinderspr. = Kindersprache	Sportspr. = Sportsprache
Anm. = Anmerkung	Konj. = Konjunktiv	Sprw. = Sprichwort
Bd. = Band	landsch. = landschaftlich	südd. = süddeutsch
bergm. = bergmännisch	landw. = landwirtschaftlich	südwestd. = südwestdeutsch
bes. = besonders	lat. = lateinisch	tr. = transitiv
bzw. = beziehungsweise	latinis. = latinisiert	u. = und
chem. = chemisch	mask.,Mask. = maskulin, Maskulinum	u. a. = und andere
Dat. = Dativ		u. ä. = und ähnliche
ders. = derselbe	mdal. = mundartlich	u. a. m. = und andere mehr
d. h. = das heißt	med. = medizinisch	übertr. = übertragen
dicht. = dichterisch	mhd. = mittelhochdeutsch	übl. = üblich
dt. = deutsch	mitteld. = mitteldeutsch	u. E. = unseres Erachtens
ebd. = ebenda	mlat. = mittellateinisch	ugs. = umgangssprachlich
eigtl. = eigentlich	neutr., Neutr. = neutral, Neutrum	usw. = und so weiter
f. = (und) folgende (Kennzahl)		u. U. = unter Umständen
fachspr. = fachsprachlich	nhd. = neuhochdeutsch	v. Chr. = vor Christus
fem., Fem. = feminin, Femininum	Nom. = Nominativ	verächtl. = verächtlich
	nordd. = norddeutsch	veralt. = veraltet
ff. = (und) folgende (Kennzahlen)	o. ä. = oder ähnliche	vgl. = vergleiche
	oberd. = oberdeutsch	volkst. = volkstümlich
frz. = französisch	ostmitteld. = ostmitteldeutsch	Wahlspr. = Wahlspruch
gebr. = gebräuchlich	östr. = österreichisch	weidm. = weidmännisch
geh. = gehoben	Pass. = Passiv	Wetterk. = Wetterkunde
Gen. = Genitiv	Perf. = Perfekt	z. B. = zum Beispiel
Ggs. = Gegensatz	Pers. = Person	z. T. = zum Teil
gr. = griechisch	Pl., Plur. = Plural	Zus. = Zusammensetzung
H. = Heft	Plusq. = Plusquamperfekt	z. Z. = zur Zeit
hochspr. = hochsprachlich	Präp. = Präposition	
idg. = indogermanisch	Präs. = Präsens	

Aus: Duden. Bd. 4: Grammatik der deutschen Gegenwartssprache. Bibliographisches Institut. Mannheim ³1973, S. 18.

a) Suche diejenigen heraus, die du schon kennst.
b) Vergleiche diese Abkürzungen mit den Verschlüsselungen.
c) Was leisten Abkürzungen? Was leisten Codes?

2.6. Wo werden Abkürzungen verwendet (z. B. bei Kraftfahrzeugen, Vereinen)?

2.7. a) Frage zu Hause nach einer Stromrechnung, Gasrechnung, Telefonrechnung. Welche Abkürzungen werden verwendet?
Welche Hilfen erhält der Empfänger, damit er sie lesen kann?
b) Achte einmal darauf, was in einem Supermarkt, in einem Kaufhaus, in einem Schuhgeschäft usw. beim Bezahlen alles in die Registrierkassen eingetippt wird, und sieh dir einen Kassenbon genau an.

3. Subjekt und Objekte

Subjekt und Prädikat　　　　　　　　　　　　　　　　　　　　　　　　　　3.1.

Mammutjagd

Die zottigen Mammuts fressen Farne.　　Der Fährtensucher Otar hört ein Zeichen.
Häuptling Teno gibt ein Zeichen.　　　　Der riesige Leitbulle trompetet.
Zwei Fährtensucher finden die Tiere.　　Teno wirft seinen Speer.

Du weißt:　Teile wirken in Sätzen als Subjekt und Prädikat zusammen.

a) Bestimme in den Sätzen über die Mammutjagd die Subjekte und die Prädikate.

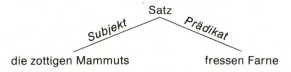

b) Welche Wortarten sind in den Subjekten? Was für Satzglieder sind es? Welche Wortarten sind in den Prädikaten enthalten?

Wenn das Prädikat mehr als nur das Verb enthält, sprechen wir von der Verbalgruppe.

Objekte im Prädikat　　　　　　　　　　　　　　　　　　　　　　　　　　3.2.

In den Sätzen von 3.1. sind in den Prädikaten oft noch andere Teile enthalten.　　3.2.1.

Man nennt sie Objekte.

Ergänze die Aufstellung im Teilstammbaum:

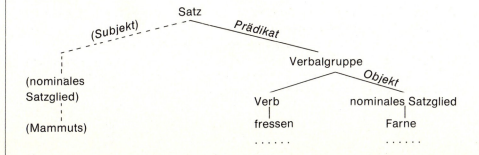

D3

3.2.2. Ergänze die folgenden Sätze durch passende nominale Satzglieder in der Objektfunktion:

Der Speer trifft ...
Die anderen Jäger schleudern ...
Sie treiben ...
Die Jäger zerlegen ...
Die Frauen fachen ...   an.

3.2.3. Nominale Satzglieder stehen als Objekte in verschiedenen Kasus (Fällen):
- im Akkusativ (4. Fall) *wen/was*?
- im Dativ (3. Fall) *wem*?
- im Genitiv (2. Fall) *wessen*?
  Das Genitiv-Objekt ist selten, häufig dagegen ein Objekt mit Präposition.
- mit Präposition und einem Akkusativ oder Dativ.
  Präpositionen sind Wörter wie *an, auf, hinter, in, über, unter, vor, zwischen*.

a) Bestimme die Objekte in den folgenden Sätzen.
   (Benutze die Hilfsfragen.)
   Die Steinzeitmenschen jagten die Mammuts. Sie trieben sie gewöhnlich in die Fallgruben. Die Mammuts hatten große, geschwungene Stoßzähne und ein zottiges Fell. Man fand Knochen, Zähne und sogar fast vollständig eingefrorene Tiere. Die Mammuts lieferten den Menschen Nahrung, Werkstoffe und Kleidung. Sie verarbeiteten die Zähne zu Waffen und Schmuck.
b) Zeichne einen Stammbaum in dein Heft wie unten.
c) Trage die Objekte ein.

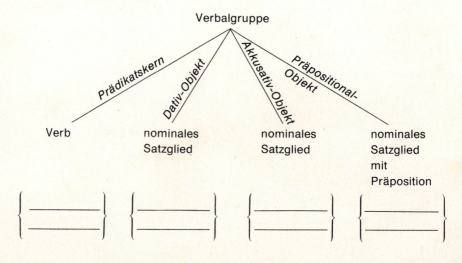

Zahl und Kasus der Objekte sind vom Verb abhängig:

3.2.4.

1. schwitzen — pfeifen, regnen, spielen, schreien

2. betrachten → *wen/was?* Akkusativ-Objekt — foppen, heben, unterstützen, besitzen, behalten, verhauen

3. ähneln → *wem?* Dativ-Objekt — begegnen, gleichen, gehören, entsprechen, entgehen

4. achten auf, beharren auf → *wen/was? wem?* Präpositional-Objekt — bangen um, beitragen zu, geradestehen für

5. geben → *wem? wen/was?* Dativ-Objekt und Akkusativ-Objekt — schenken, schulden, widmen, gönnen, zuwerfen

6. stellen auf → *wen/was? auf was?* Akkusativ-Objekt und Präpositional-Objekt — wuchten, beglückwünschen, ausersehen, belasten

D3

a) Bilde Sätze mit den folgenden Verben:
ausersehen, bangen um, begegnen, beglückwünschen, behalten, belasten, beitragen zu, entgegnen, entsprechen, foppen, gehören, geradestehen für, gleichen, gönnen, heben, pfeifen, regnen, schenken, schreien, schulden, spielen, unterstützen, verhauen, widmen, wuchten, zuwerfen.

b) Ordne sie nach ihren Objekten den Verbtypen zu.

3.2.5. In dem Text über Gullivers Reisen sind alle nominalen Satzglieder mit verschiedenen Linien unterstrichen.

a) Bestimme, ob es sich um ein Subjekt (*wer/was?*) oder um Objekte handelt, und bestimme die Art der Objekte.
(Erkläre, was die unterschiedlichen Linien anzeigen.)

b) Wo werden gleichartige Objekte aufgezählt?

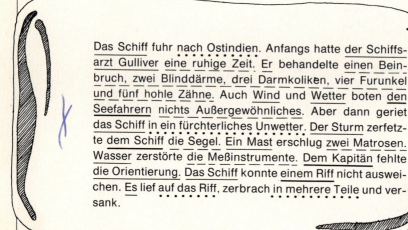

Das Schiff fuhr nach Ostindien. Anfangs hatte der Schiffsarzt Gulliver eine ruhige Zeit. Er behandelte einen Beinbruch, zwei Blinddärme, drei Darmkoliken, vier Furunkel und fünf hohle Zähne. Auch Wind und Wetter boten den Seefahrern nichts Außergewöhnliches. Aber dann geriet das Schiff in ein fürchterliches Unwetter. Der Sturm zerfetzte dem Schiff die Segel. Ein Mast erschlug zwei Matrosen. Wasser zerstörte die Meßinstrumente. Dem Kapitän fehlte die Orientierung. Das Schiff konnte einem Riff nicht ausweichen. Es lief auf das Riff, zerbrach in mehrere Teile und versank.

Nach: *Jonathan Swift:* Gullivers Reisen. Deutsch von *Franz Rottenkamp.* Bearbeitet von *Alice Sellin.* Kinderbuchverlag. Berlin.

4. Prädikative/Gleichsetzungen

D4

Prädikative mit dem Verb *sein*   4.1.

4.1.1.
Liliput ist ein eigenartiges Land. Seine Bewohner sind daumengroß. Gulliver ist ihr Gefangener. Seine Fesseln sind Spinnwebenfäden. Sie sind zahlreich und fest. Seine Lage ist schwierig, denn die Liliputaner sind sehr mißtrauisch und wachsam.
a) Ermittle die Prädikate.
b) Welche Wortarten enthalten sie?
c) Ermittle, wo das möglich ist, die Fälle.

> Die Ergänzungen in Prädikaten, die mit dem Verb *sein* gebildet werden, nennt man Prädikative, Prädikatsnomen oder Gleichsetzungen.

4.1.2.

$$\left\{\begin{array}{c}\text{wer?}\\\text{oder}\\\text{was?}\end{array}\right\} \quad \text{ist} \quad \left\{\begin{array}{c}\text{wer?}\\\text{was?}\\\text{wie?}\end{array}\right\}$$

Ordne die Sätze aus 4.1.1. zu.

4.1.3.
Die Prädikative werden in Numerus (Zahl) und Genus (grammatisches Geschlecht) den Subjekten gleichgesetzt.
Ergänze mit Nomen, und bestimme jeweils Numerus und Genus:
Ich bin . . .
Du bist . . .
Mein Freund ist . . .
Meine Freundin ist . . .
Mein Fahrrad ist . . .
Wir sind . . .
Die Liliputaner sind . . .

Gleichsetzungsspiele   4.2.

a) Ich sehe was, was du nicht siehst. Es ist . . .
b) Mein Teekesselchen ist . . .

Gleichsetzungsverben   4.3.

Bilde Sätze der Gleichsetzung mit den folgenden Verben:
sein, werden, bleiben, heißen, sich dünken

D5 5. Attribute

(T) *Text A:*
Ich erinnere mich an ihn, als sei es gestern gewesen, wie er schwerfällig zur Tür des Gasthauses kam, während ihm eine alte Seemannskiste auf einem Schubkarren nachgeführt wurde — ein großer, starker Mann mit nußbraun gefärbtem Gesicht und einem teerigen Zopf, der ihm über die Schulter auf seinen beschmutzten blauen Rock fiel; seine Hände, rauh und narbig, hatten schwarze, abgebrochene Fingernägel; und die quer über eine Backe laufende Säbelnarbe hatte eine schmutzigfahle, weiße Farbe.

Text B:
Ich erinnere mich an ihn, als sei es gestern gewesen, wie er schwerfällig zur Tür kam, während ihm eine Seemannskiste auf einem Schubkarren nachgeführt wurde — ein Mann; seine Hände hatten Fingernägel und die Säbelnarbe hatte eine Farbe.

Aus: *Robert Louis Stevenson:* Die Schatzinsel. Übersetzt von *Otto Weith.* Reclams Universalbibliothek 4856 (3) Stuttgart 1977, S. 23.

5.1. Attribute als nähere Bestimmungen von Nomen

In R. L. Stevensons Roman „Die Schatzinsel" beschreibt Jim Hawkins die erste wichtige Figur, einen alten Piraten.

Vergleiche die beiden Texte A und B.

Zu welchen Wörtern in Text A werden nähere Angaben gemacht?

> Nähere Angaben zu Nomen nennt man Attribute (Beifügungen).

5.2. Attribut als Adjektiv und als Gliedsatz

Beispielsatz:

In seinem Buch „Die Schatzinsel" beschreibt Stevenson eine Schatzsuche.

Die Schatzsuche soll als „gefährlich" näher gekennzeichnet sein.

Attribut als Adjektiv:

In seinem Buch „Die Schatzinsel" beschreibt Stevenson eine [gefährliche] Schatzsuche.

↑
Attribut als Adjektiv

Attribut als Gliedsatz (→ E 8):

In seinem Buch „Die Schatzinsel" beschreibt Stevenson eine Schatzsuche, die gefährlich ist.
↑
Attribut als Gliedsatz (Relativsatz)

Hier sind zwei Sätze, die das gleiche Nomen haben: 5.2.1.
Jim Hawkins belauscht die Meuterer.
Jim Hawkins ist neugierig.

Man kann sie ineinanderbauen:

a) Der neugierige Jim Hawkins belauscht die Meuterer.
↑
Attribut als Adjektiv

b) Jim Hawkins, der neugierig ist, belauscht die Meuterer.
↑
Attribut als Gliedsatz (Relativsatz)

Forme die folgenden Satzpaare jeweils in die beiden Möglichkeiten um:
a) Attribut als Adjektiv   b) Attribut als Gliedsatz

(1) Der Kapitän ärgert sich über den Lord. Der Lord ist hochfahrend und vertrauensselig.
(2) Im Blockhaus verschanzt sich die Kapitänspartei. Die Kapitänspartei ist zuverlässig.
(3) Jim holt die Piratenflagge. Die Piratenflagge ist schwarz und zerrissen.
(4) Ben Gun stimmt eine Melodie an. Die Melodie ist allen wohlbekannt.

Die beiden Attribute im Stammbaum: 5.2.2.

Fiebergebiet wird hier „Bezugsnomen" genannt. Warum?
Unterstreiche in den umgeformten Sätzen die Bezugsnomen.

D5

5.2.3. Hier sind durch Attribute viele nähere Bestimmungen gegeben:
Suche die Bezugsnomen, und kennzeichne ihre Attribute:

John Silver ist der listige Schiffskoch. Er gehört zur erfahrenen Piratenmannschaft des Kapitän Flint, der gestorben war. Flint, der grausam und habgierig war, hatte einen gewaltigen Schatz auf der Insel versteckt.
Die überlebenden Bandenmitglieder, die geldgierig waren, hatten sich unter Silvers Befehl gestellt, der nach einer blutigen Meuterei das Schiff übernommen hatte. Mit dem Schiff, das seetüchtig war, wollten sie dann fliehen.

5.3. Formen des Attributs (→ E 8.2.)

Übersicht

| Der Schiffskoch | plant die Meuterei. | Der Schiffskoch | ist einbeinig und verschlagen.

zwei Sätze mit gleichen Nomen

Der Schiffskoch — der Schiffskoch ist einbeinig und verschlagen — plant die Meuterei.

Der Schiffskoch — er ist einbeinig und verschlagen — plant die Meuterei.

Der Schiffskoch, der einbeinig und verschlagen ist, plant die Meuterei.

Der Schiffskoch, einbeinig und verschlagen, plant die Meuterei.

Der einbeinige und verschlagene Schiffskoch plant die Meuterei.

5.3.1. Ordne die folgenden Attributbenennungen den entsprechenden Satzdarstellungen zu:
a) Attribut als eingeschobener Hauptsatz (Parenthese)
b) Attribut als vorangestelltes Adjektiv, flektiert
c) Attribut als Gliedsatz (Relativsatz)
d) Attribut als eingeschobener Hauptsatz (Parenthese) mit Personalpronomen
e) Attribut als nachgestelltes Adjektiv, unflektiert

5.3.2. Der Schiffskoch, der die Meuterei plant, ist einbeinig und verschlagen.
Vom Satzbau her ist auch diese Umformung möglich.
Ändert sich dabei die Bedeutung?

5.3.3. Bestimme die Attribute in diesem Text:

Jim Hawkins, der sich langweilt, reißt aus dem Blockhaus aus. Er benutzt das gebrechliche Boot, das der ausgesetzte Ben Gun gebaut hat. Die See – sie ist rauh und stürmisch – droht das schwankende Fahrzeug umzuwerfen. Die Fahrt, gefährlich und abenteuerlich, führt Jim zur Hispaniola. Er klettert auf das von den meisten Seeräubern verlassene Schiff und überlistet die zwei betrunkenen Wächter.

5.3.4. Forme nach den angegebenen Attributbeschreibungen um:
a) Die Piraten, die betrunken waren, schliefen im Sumpfgebiet.
→ (Attribut als Adjektiv)
b) Der Doktor sicherte seinen Leuten das Blockhaus. Es war hochgelegen.
→ (Attribut als Adjektiv)
c) Der erfahrene Hunt war Flints Richtkanonier.
→ (Attribut als eingeschobener Hauptsatz mit Personalpronomen)
d) Er richtete die Kanone auf das Blockhaus, das durch die Fahne kenntlich war.
→ (zwei selbständige Sätze mit gleichem Nomen)
e) Der Meuterer mit der roten Mütze, der als einziger auf dem Schiff blieb, lockte Jim in eine Falle. → (Attribut als eingeschobener Hauptsatz)
f) Die Hispaniola mußte in Sicherheit gebracht werden. Die Hispaniola trieb steuerlos längs der Insel.
→ (Attribut als Gliedsatz)

Forme jeweils in alle Möglichkeiten um:
a) Der Sturm läßt nach. Der Sturm war stark.
b) Die Hispaniola wiegt sich in den Wellen. Die Hispaniola ist schnittig.

5.4. Weitere Formen des Attributs: Genitivattribut, Präpositionalattribut, Apposition

Das Bezugsnomen kann durch ein weiteres Nomen genauer bestimmt werden:

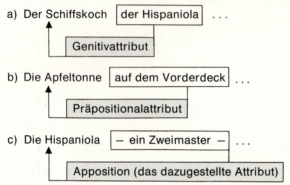

a) Der Schiffskoch der Hispaniola ...
   Genitivattribut

b) Die Apfeltonne auf dem Vorderdeck ...
   Präpositionalattribut

c) Die Hispaniola — ein Zweimaster — ...
   Apposition (das dazugestellte Attribut)

Ordne die folgenden Attribute zu:
Die Wache der Kapitänspartei stand in den Schießscharten des Blockhauses. Die Fahne am Mast diente den Seeräubern als Ziel für ihre Kanonade. Der Kapitän, unser Kommandant, befahl, das Feuer im eisernen Korb zu löschen.

5.5. Gesamtübersicht über die Formen des Attributs

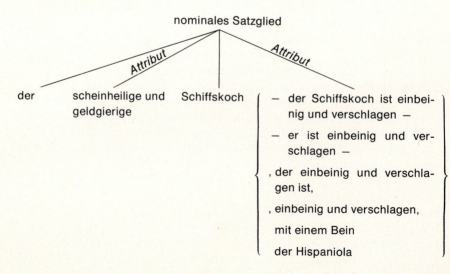

Bestimme und ergänze:

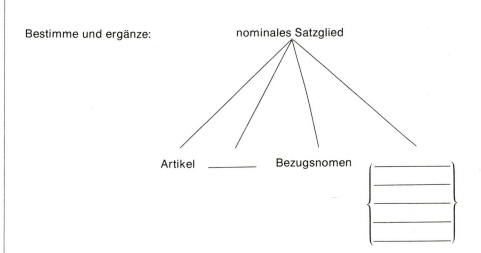

Übung

5.6.

Suche die unterschiedlichen Attribute aus dem Eingangstext S. 88 heraus, und bestimme sie.
(Auch die Nomen im Attribut haben oft selbst wieder Attribute.)

D6   6. Adverbial (adverbielle Bestimmung)

6.1.   Adverbiale in Sätzen

Hackordnungen

<u>Am Futterplatz</u> kann man interessante Beobachtungen machen. <u>Unter den Vögeln</u> gibt es schwache und starke, dreiste und ängstliche, Draufgänger und Feiglinge.
<u>Vorige Nacht</u> hat es geschneit. <u>Morgens</u> suchen die Vögel Futter. Ein Spatz schwirrt <u>eilig</u> heran, schnappt <u>hastig</u> einen Sonnenblumenkern und setzt sich <u>abseits</u> in den Tannenwipfel. Zwei Meisen picken <u>eine Weile</u> eifrig <u>an dem Futterring</u>. <u>Da</u> kommt <u>plötzlich</u> ein Dompfaff <u>aus dem Gebüsch.</u> Die Meisen verlassen <u>blitzschnell</u> ihren Platz. Eine Amsel ist <u>trotzig</u> sitzen geblieben. Der Dompfaff hackt <u>drohend</u> <u>in ihre Richtung.</u> <u>Aus Angst</u> räumt die Amsel <u>sofort</u> das Feld. <u>Jetzt</u> knackt der Dompfaff <u>in aller Ruhe</u> seine Sonnenblumenkerne.

In den Sätzen dieses Textes kann man die unterstrichenen Ausdrücke weglassen, ohne daß die Sätze unverständlich werden. Allerdings muß man dann einige Sätze umstellen.
a) Überprüfe das.
b) Stelle die weglaßbaren Ausdrücke zusammen.

6.2.   Leistung und Bedeutung

6.2.1.   a) Vergleiche die Ausdrücke, die du herausgesucht hast.
b) Welche bestehen aus einem Wort (Adverb)?
c) Welche bestehen aus mehreren Wörtern (aus nominalen Satzgliedern, oft mit Präposition)?

> Diese Ausdrücke leisten im Satz das gleiche. Sie bestimmen den Satz oder das Verb näher. Ihre Rolle heißt **Adverbial** oder **adverbielle Bestimmung**.

6.2.2.   Klaus und Uwe streiten sich. Einer will bestimmen. Sie kämpfen miteinander. Alle Jungen schauen sich den Kampf an. Klaus hat gewonnen. Uwe gewinnt. Klaus wartet auf eine neue Gelegenheit.

Diese Sätze stimmen zwar, aber erst die adverbiellen Bestimmungen setzen sie in einen sinnvollen Zusammenhang:
häufig, in der VIb, manchmal, neugierig, gestern, diesmal, zähneknirschend.
Ergänze die Sätze.

Adverbiale machen nähere Angaben, die man mit Fragewörtern ermitteln kann. 6.2.3.

Bedeutungsleistung:	Fragewort:	Beispiel:
nähere Angabe zu:		
Ort und Richtung	wo? wohin? woher?	
Zeit und Zeitdauer	wann? wie lange?	
Art und Weise	wie?	
Grund und Zweck	warum? weshalb? wozu?	

Ordne alle Adverbiale aus dem Text 6.1. der Tabelle zu.

Unter *Hackordnung* findet man im Lexikon die Erklärung: 6.2.4.
Sie benennt in Vogelgemeinschaften die Rangordnung. Sie ist besonders genau im Hühnerhof beobachtet worden. Im weiteren Sinne versteht man unter der *Hackordnung* Rangordnungen in Tiergesellschaften. Diese Ordnung ist oft das Ergebnis harter früherer Kämpfe. In der Hackordnung ist der Höchste während seiner Herrschaft stets allen anderen überlegen. Der zweite hackt als Bestätigung dieser Ordnung alle anderen außer dem Ranghöchsten. Neuankömmlinge beginnen meistens rangtief, können später aber wegen bestandener Zweikämpfe aufsteigen. Heranwachsende können in schweren Kämpfen in einen höheren Rang aufsteigen und schließlich den alten Despoten stürzen.
Aus: Brockhaus Enzyklopädie. Verlag F. A. Brockhaus. Bd. 20. Wiesbaden 1969, S. 27 (geändert).

a) Suche aus dem Text die Adverbiale mit Hilfe der Fragewörter heraus.
b) Kennzeichne ihre Bedeutungsleistungen.

Alle Fragen, mit denen man das Adverbial ermittelt, beziehen sich auf das 6.2.5.
Geschehen im Satz. Das Adverbial kann dabei mehr den ganzen Satz bestimmen, manchmal in stärkerem Maße nur das Prädikat.

Vergleiche: a) *Zuletzt* bleibt der Dompfaff als einziger am Futterplatz.
    b) Die Amsel ist *hungrig* auf der Fernsehantenne sitzen geblieben.

Welches Adverbial bestimmt mehr den ganzen Satz, welches in stärkerem Maße nur das Prädikat?

6.2.6. Im folgenden Text treten Adverbiale gehäuft auf, es wird mit ihnen gespielt:

(T) *Auch Nachbarn gehören zur Familie* Hans Manz

Die Mutter kam von den Nachbarn
und sprach: „Die Müllers wollen
den Fahrplan zurück, den sie uns
vor langer Zeit ausgeliehen haben.
Aber ich kann mich nicht erinnern,
wo er ist."
Die Mutter suchte den Fahrplan,
sie suchte ihn in der Kommode,
neben der Nähmaschine,
über dem Radio,
unter dem Stehpult,
sie suchte und fand schließlich in
der Schublade neben der Ständerlampe, über dem Sofa, unter dem
Telefonbuch — ein Notizheft, das
Berta schon lange vermißte.

Berta war sehr dankbar
und suchte an Mutters Stelle den
Fahrplan.
Sie suchte ihn hinter der Eckbank,
vor dem Plattenspieler,
an der Fensterfront,
auf dem Buffet
und fand endlich hinter dem Papierkorb,
vor dem Zeitungshalter,
an der Wand,
auf dem Boden — ein Abzeichen,
welches Franz kürzlich verloren
hatte.

Franz war sehr froh
und suchte an Bertas Stelle den
Fahrplan.
Er suchte ihn draußen im Korridor,
drüben im Abstellraum,
droben im Elternzimmer,
drinnen in der Stube
und fand — o Wunder! — draußen
in der Garderobe, drüben beim
Schirmständer, droben auf der Hutablage, drinnen in einem Handschuh — den Mopedschlüssel, der
dem Vater abhanden gekommen
war.

Der Vater war sehr erleichtert
und suchte an Franzens Stelle den
Fahrplan.
Er suchte ihn gegenüber dem
Kanapee,
nicht weit vom Heizkörper entfernt,
mitten auf dem Eßtisch,
auch bei den Abfallsäcken,
und fand tatsächlich gegenüber der
Toilette, nicht weit vom Fenster entfernt, mitten auf der Treppe, bei der
Teppichstange — den Bleistiftspitzer, welchen Max verlegt hatte.

Max war sehr zufrieden
und suchte den Fahrplan an Vaters Stelle.
Er suchte ihn zuoberst im Schrankregal,
zuunterst in der Bettzeugtruhe,
zuhinterst im Keller,
zuäußerst auf dem Gesimse
und fand zu guter Letzt zuoberst im Estrich, zuunterst im Schrank, zuhinterst in der Ecke, zuäußerst auf der Schachtel für die Weihnachtskugeln glücklich — die Taschenlampe, welche er vor langer Zeit von den Nachbarn ausgeliehen hatte.

„Dann bringe ich wenigstens *die* zurück", sprach die Mutter. Und als sie wiederkam, sagte sie: „Die Müllers haben sich vielmals für ihren Irrtum entschuldigt. Der Fahrplan ist unterdessen zum Vorschein gekommen."

Aus: Am Montag fängt die Woche an. 2. Jahrbuch der Kinderliteratur. Hrsg. von *Hans-Joachim Gelberg*. Verlag Beltz & Gelberg, Weinheim, Basel 1973, S. 81 – 82.

Adverbialsätze 6.3.

Auch Gliedsätze können als Adverbiale gebraucht werden. Vergleiche:

{ Morgens / Am Morgen / Wenn es Morgen wird, } markieren die Vögel durch Gesang ihr Revier.

Zugvögel ziehen nach Süden { wegen Futtermangels. / , weil sie kein Futter finden. }

a) Suche aus dem folgenden Text die Gliedsätze heraus:
   Manche Tiere grenzen ihre Reviere ab, indem sie Sichtmarken oder Geruchsmarken setzen. Wenn ein Tier ins Nachbarrevier eindringt, weist ihn der Revierbesitzer ab. Obgleich der Revierfremde oft stärker ist, behauptet sich meistens das heimische Tier. Bevor ein Vogel sein Nest baut, meldet der Singvogel durch typische Tonfolgen seinen Revieranspruch an.
b) Ermittle die Wörter, mit denen die Gliedsätze eingeleitet sind.
c) Warum heißen sie *Konjunktionen (Bindewörter)*?
d) Forme die Gliedsätze in Satzglieder um, z. B.: ... durch Setzen von Geruchsmarken.

D7 7. Aktiv und Passiv

7.1. Ein Vogelfutterhaus zum Aufhängen

Dieses Futterhaus (siehe Abbildung) wird nicht starr, sondern beweglich aufgehängt. Dabei dreht es sich ständig um seine senkrechte Achse. Und das ist gerade das Richtige für unsere lebhaften Meisen, Kleiber und Spechte. Aber auch von Finken aller Art wird dieses Hängehaus gern aufgesucht.

Die Abbildung zeigt dir, wie das Futterhäuschen an vier Schnüren aufgehängt wird. Zunächst befestigst du in Bohrlöchern der vorn und hinten waagerecht angebrachten Leisten je eine Schnur. Alle vier Schnüre werden dann — wie beim Papierdrachen — 70 bis 80 cm darüber zusammengeknotet. An dieser Stelle wird nun das eine Ende einer langen Schnur angeknüpft. Diese führst du oben über eine Astgabel und dann wieder nach unten. Hier wird das andere Ende in erreichbarer Höhe mit einem einfachen Knoten und einer Schleife befestigt. Bei der Abbildung ist diese Halteschnur rechts sichtbar.

Mit Hilfe dieser Schnur kannst du das Futterhaus in eine beliebige Höhe ziehen, zur Futterversorgung aber auch wieder leicht herablassen. Als Schnüre eignen sich am besten Stücke von einer dünnen Wäscheleine aus glattem Kunststoff. Wichtigstes Bauelement für dieses Futterhaus ist ein ungefähr 25 mal 35 cm großer Boden mit etwa fünf cm hohen Randleisten. Da die Maße aber auch größer oder kleiner sein dürfen, kannst du ein vielleicht vorhandenes flaches Kästchen, z. B. eine kleine Obststeige benutzen.

Die vorderen Dachstützen sind — vom Kästchenboden aus gerechnet — 20 cm hoch, die hinteren 10 cm. Der Unterschied ergibt die Dachschräge. Statt der zwei Stützen kannst du hinten

auch ein 10 cm breites Brettchen anbringen. Die Stützen werden der Dachneigung entsprechend abgeschrägt. Das Dach muß allseitig 8 bis 10 cm überstehen.
Die zum Aufhängen anzubringenden Querleisten sollen den seitlichen Dachüberstand noch überragen.
Zusammengefügt wird das Futterhaus mit einem wetterbeständigen Holzleim und Nägelchen. Das Dach kannst du mit Lackfarbe streichen oder mit Dachpappe überziehen oder mit groben Rindenstücken abdecken.

Zum Schluß einige Hinweise zur Fütterung: Sonnenblumenkerne und Hanfsamen werden am liebsten angenommen. An den Querleisten kannst du zusätzlich Meisenfutterringe anbringen.
Nach einer Empfehlung der Vogelschutzwarte soll eine anhaltende Fütterung nur bei Glatteis, hohem Schnee, starkem Frost und bei Rauhreif erfolgen. Während dieser Zeit können die Vögel ja nicht an das natürliche Futter wie Insekteneier, Raupen, Puppen, Beeren herankommen.

Vergleiche die ersten beiden Abschnitte.   7.1.1.
Untersuche: a) Thema
              b) Absicht
              c) sprachliche Mittel

Jeder soll solch ein Futterhaus bauen können.   7.1.2.
Hier sind dazu die Anweisungen auf zweierlei Weise gegeben:
Redeform Aktiv: Es wird gesagt, was jemand tut.
Redeform Passiv: Es wird gesagt, was mit dem Material geschieht.

a) Suche die Aktiv- und die Passivsätze heraus.   7.1.3.
b) Wer ist in den Aktivsätzen dieses Textes angesprochen?
c) Vergleiche die Passivsätze.
    In ihnen wird gesagt, was geschieht.
    In einem Satz wird zusätzlich gesagt, von wem es getan wird.
    Welcher Satz ist das?
d) In den anderen Passivsätzen wird nicht gesagt, wer etwas tun soll.
    Woran liegt es, daß man hier in den meisten Fällen dennoch weiß, wer es tun soll?

D7

7.2. Formen des Passivs

Passivformen werden gebildet durch:

gebeugte Form von *werden*		+	Partizip Perfekt des Verbs
Präsens:	Das Futterhaus	*wird*	gebastelt.
Präteritum:	Das Futterhaus	*wurde*	gebastelt.
Futur:	Das Futterhaus	*wird*	gebastelt *werden*.
Perfekt:	Das Futterhaus	*ist*	gebastelt *worden*.

Nicht verwechseln mit den Formen des Futurs!

Diese werden gebildet durch die gebeugte Form von *werden* + Infinitiv:

du wirst   bauen

Forme folgende Aktivsätze ins Passiv um:
(1) Im Winter werden wir die hungernden Vögel mit Sonnenblumenkernen und Hanfsamen füttern.
(2) Im Sommer fressen die Singvögel große Mengen von Insekten.
(3) Im Herbst haben wir das neue Futterhaus aufgestellt.

7.3.
Was man im Passiv ausdrückt, kann man nicht immer genauso im Aktiv sagen. Forme um:
(1) Im Stadtwald werden zahlreiche Nistkästen angebracht.
(2) Auf dem Marktplatz werden die Tauben von älteren Damen gefüttert.
(3) Von den vielen Tauben werden wertvolle Bauwerke beschmutzt und auf die Dauer zerstört.
(4) Mit Giftkörnern wird die Zahl der Tauben in Grenzen gehalten.
Bei zwei Sätzen müssen für die Aktivform zusätzliche Informationen gegeben werden. Warum?
Erkläre, was man unter einem *täterlosen* Passivsatz versteht.

7.4.
Manchmal hört man ein Trommeln und Hämmern im Walde. In der Spechtschmiede klemmen die Spechte in einem Spalt der Rinde oder in einer Astgabel Zapfen und Nüsse fest und picken die Samen heraus. Die leeren Zapfen und Schalen werden von den Spechten auf den Boden geworfen. Durch Schnabelhiebe bringen die Spechte dünne Äste zum Tönen.
Forme jeweils in die andere Redeform um.

Folgende Notizen stammen aus einer Strafprozeßakte: 7.5.
Klaus Redrak und Erwin Baumke brachen am Abend des 17. 10. 80 den Zigaret-   7.5.1.
tenautomaten Hellwigstr. 14 auf und raubten ihn aus. Redraks Freundin, Erna
Wiezek (17 Jahre), behauptete, die Täter hätten im Vollrausch gehandelt. Redrak
und Baumke nahmen die Jugendstrafe von 4maligem Wochenendarrest und
100 DM Buße für die Rote-Kreuz-Kasse an.

Es soll zu diesem Vorfall eine Pressemitteilung erfolgen.
Das Jugendstrafgesetz verbietet, die Namen jugendlicher Täter zu veröffent-
lichen.

Forme die Notizen aus der Strafprozeßakte um,
a) indem du nur die Vorfälle schilderst,
b) indem du trotzdem Angaben über die Täter machst.

Suche aus einer Fernsehprogramm-Zeitung 10 Passivbeispiele heraus.   7.5.2.
Erkläre, warum hier das Passiv gebraucht wird.

Warum kann man, wenn man vom Wetter spricht, Ausdrücke wie *es nieselt, es*   7.6.
taut, es schneit, es regnet nicht ins Passiv setzen?

Schon wieder zwei Autos gestohlen!   7.7.
Kind auf Zebrastreifen überfahren!
Im Stadtpark hilflose Person aufgegriffen!
Gestern nacht Mädchen überfallen!
a) Versuche, diese Überschriften zu Zeitungsmeldungen ins Aktiv umzuformen.
b) Erkläre, warum das täterlose Passiv hier die angemessene Redeform ist.

Aktiv oder Passiv?

7.8.

»Bundestag zusammengetreten«, liest Plümmer seiner Frau aus der Zeitung vor. »Unglaublich«, sagt sie kopfschüttelnd, »waren das auch wieder die Rocker?«

Aus: HÖRZU, 25/1973, S. 3.

8. Mehrdeutige Wörter und Metaphern

8.1. Mehrdeutig gebrauchte Wörter (→ C 3)

a)

„Ich warte auf die Lehrerschwemme!"

Aus: Erziehung und Wissenschaft 6/1973. Zeichnung: Heidemann

b) Bobby fuhr nach Amerika. Vor einem Riesengebäude blieb er stehen. — „Was ist das?" fragte er. — „Ein Wolkenkratzer." — „Ah — sehr fesch!" — Lange starrte er hinauf. Dann fragte er: „Und wann kratzt er?"

c) Tünnes fragt Schäl: „Hast du ein Bad genommen?" „Wieso?" fragt Schäl. „Fehlt denn eins?"

8.2. Metaphern im Wortschatz

8.2.1. Was ist auf diesen Bildern zu sehen? Suche eine Begründung dafür, daß beides mit demselben Wort benannt wird.
Welche Bedeutung war zuerst da? Suche gemeinsame Merkmale beider Bedeutungen.

Wir suchen Bedeutungsmerkmale: 8.2.2.

Baumfrucht
Obst
künstlich
mit Strom betrieben
Lichtquelle
Tropfenform

a) Welche Merkmale treffen für beide Wörter zu?
b) Welche für *Birne 1*, welche für *Birne 2*?

Suche für die folgenden mehrdeutigen Wörter die übereinstimmenden und die unterscheidenden Merkmale: 8.2.3.

Flügel/Flügel   versetzt werden / versetzt werden
Schlange/Schlange   Mantel/Mantel
laufen/laufen   Decke/Decke

Die Bedeutungen gehören unterschiedlichen Bereichen an.
Das kannst du an den unterscheidenden Merkmalen erkennen.
a) Nenne die jeweils unterschiedlichen Bereiche.
b) Ursprünglich galt das Wort nur in einem Bereich, in welchem?
c) Warum konnte es in den anderen Bereich übertragen werden?

> Wörter, die eine zweite Bedeutung in einem anderen Bedeutungsbereich erhalten haben, nennt man **Metaphern (Übertragungen).** Die Übertragung ist möglich, weil einzelne Merkmale in der neuen Bedeutung gültig bleiben. Diese Wörter erzielen als Metaphern eine besondere Wirkung.

Metaphern im Sprachgebrauch 8.3.

Kilometerfresser, Straßenkreuzer, Chausseewanze, Sardinenbüchse, Schnauferl, Ente, Käfer, dicker Brummer, Silberpfeil, Rakete 8.3.1.
Erkläre, warum diese Spitznamen Metaphern sind, indem du die Übertragungsmerkmale feststellst.

Beim Spotten, Schimpfen und Loben werden oft Metaphern verwendet. 8.3.2.
Wie heißen die Bezeichnungen für:
einen dummen Menschen, einen eitlen Menschen, einen schmutzigen Menschen, einen Menschen, der andere nachahmt, einen störrischen Menschen?

D8

8.3.3. Sammelt Ausdrücke aus der Umgangssprache, in denen ein Sprecher seinen Zorn, seine Verachtung, seine Freude, seine Hochachtung, seine Verwunderung über Menschen und Begebenheiten in übertragenen Wendungen ausdrückt, wie z. B.:

„Den schlage ich unangespitzt in den Boden!"
„Der hat was auf dem Kerbholz."
„Er ist kein großes Kirchenlicht."
„Ich glaub', mich tritt ein Pferd."
„Er hat alles unter Dach und Fach." (→ B 9.2.)

Versucht, das ohne Metaphern auszudrücken. Wie wirkt das?

8.3.4.

Walter Johannsen und das Ding mit dem Hammer

Eingesandt von FUNK UHR-Leser
Hubert Gabbert, Pollsenweg 1,
4200 Oberhausen 14

Es sagte Walter Johannsen bei Deutschland – Tunesien: „Die Deutschen müßten die Tunesier in ihrer Hälfte festnageln..."

Oskar Wark und die Meister der Magie

Eingesandt von FUNK UHR-Leserin Johanna Butz, Eschlberg 43, 8261 Burgkirchen

Es sagte Oskar Wark beim Spiel Polen – Tunesien: „... jetzt wird auch noch gezaubert!"

Aus: Funk Uhr 28/1978, S. 15. (Zeichnungen: *Egon C. Klaedtke*).

Metaphern, die durch ihre Umgebung bestimmt sind   8.4.

Auch in diesen Sätzen stehen Wörter, die durch ihren Zusammenhang zu Metaphern werden:
Der Säugling kräht.
Der Stuhl ächzt.
Die Flamme leckt am Dachstuhl.
Der Lehrer faucht den Schüler an.

a) Unterstreiche die Metaphern.
b) Gib die ursprüngliche Bedeutung an. (Es hilft dir, wenn du Sätze bildest, in denen diese Wörter im Ursprungsbereich verwendet werden.)
c) Warum konnten diese Wörter Metaphern werden?
d) Suche die Übertragungsmerkmale.

8.5. Metaphern in der Werbung

① Man sieht dem neuen ... an, daß er alles andere als eine müde Familienkutsche ist. Seine keilförmige Karosserie, die Breitbandscheinwerfer mit integrierten Blinkleuchten und seine tiefe Bugschürze mit aerodynamisch wirkungsvollem Spoiler lassen ihn dynamisch auftreten.

② **Straßenfloh**
Ein Eigenbau aus Norddeutschland.

③ **Jugoslawe im Golf-Anzug**

④ **Ein Adler, der sich im Sand wohl fühlt**

⑤ Kein Wunder, schließlich stammt seine eigenwillige, sportliche Figur von Giorgetto Guigiaro, dem weltweit renommierten Automobil-Stylisten.

⑥ Die inneren Qualitäten des ... entdecken Sie spätestens dann erfreut, wenn Sie sich von ihm beim Einkaufen begleiten lassen. Mit seiner großen Heckklappe schluckt er alles, was Sie nicht mehr tragen können.

⑦ **Über die Möchtegern-Käferkiller.**
Je mehr Käfer durch die Welt schwirren, desto aufreizender wirkt das Gesumme auf diejenigen, deren Autos nicht ganz so erfolgreich sind.

Metaphern im Gedicht

Verwandlung — Christine Busta

Ich niste tief im grauen Regenbaum:
die Regenzweige hängen um mich nieder,
das Regenlaub rauscht laut in meine Lieder,
sing ich denn noch? Es singt ja nur der Baum.

Verschollen tief im Regenwurzelraum
hockt Stadt und Land, gehn Menschen hin und wider,
und trübe Flüsse wälzen ihre Glieder;
es träumt die Welt den schweren Regentraum.

Doch lautlos aus verhangnem Himmelsraum
stößt jäh der alte Sonnenvogel nieder,
und riesig spreizt er aus sein Glanzgefieder:
im goldnen Schnabel trägt er fort den Baum
und legt als zartes Regenreis ihn wieder
an Gottes siebenfarbigen Mantelsaum.

Aus: *Christine Busta:* Der Regenbaum. Gedichte. Otto Müller Verlag. Salzburg ²1977, S. 6.

E1 1. Schreibung langer und kurzer Vokale

1.1. Lange und kurze, betonte Vokale

**Weil Bäume sie der Menge hatten,
schliefen sie stets in Hängematten.**
　　　　　　　　　Hilde Leiter / Vera Ferra-Mikura[1]

NICHT MEHR ALS EIN HAAR WEIT,
LIEGT IRRTUM VON WAHRHEIT.
　　　　　　　　　Benno Papentrigk[2]

Der SCHNEE, den du in Flocken siehst,
mir unten in die Socken fließt.
　　　　　　　　　Franz Mittler[3]

Die kleine Fliege wollte eine Reise machen
und endet' schnell in einer Meise Rachen.
　　　　　　　　　Eugen Gürster[4]

**Man soll nicht schon am Sonntagmorgen,
bekümmert für den Montag sorgen.**
　　　　　　　　　Wendelin Überzwerch[5]

[1] Aus: *Hans Domenego* u. a.: Das Sprachbastelbuch. Verlag Jugend und Volk. Wien, München 1975, S. 80.
[2] Aus: Schüttelreime. Insel Verlag. Frankfurt/Main 1943.
[3] Aus: Macht man denn aus Kalk die Terzen . . .? Verlag der neuen Galerie. Wien 1938.
[4] Aus: Schüttel dich und rüttel dich. Ehrenwirth Verlag. München o. J.
[5] Aus: Zwei Knaben auf dem Schüttelrost. Braun & Schneider Verlag. München 1954.

a) Sprecht diese Schüttelreime. In Schüttelreimen werden Buchstaben getauscht („geschüttelt"). In welcher Weise geschieht dies? (M) (T)
b) Schreibe die Wörter auf, in denen Buchstaben geschüttelt sind. Unterstreiche die betonten Vokale, und zwar die langen und kurzen mit zwei verschiedenen Farben. Die Zwielaute (Diphthonge) au, ei, eu sind lange Vokale.
c) Du weißt, daß lange und kurze betonte Vokale in unserer Schrift verschieden angegeben werden:

Länge ohne Längezeichen	mit doppeltem Vokalbuchstaben	mit Längezeichen h	mit Längezeichen e nach i
nun, Tor ...	See ...	sehr ...	sie ...

Kürze ohne Kürzezeichen	mit doppeltem Konsonantenbuchstaben	mehrere verschiedene Konsonantenbuchstaben
an, in ...	hell ...	bald ...

d) Fertige eine Tabelle wie abgebildet an, und trage die Wörter ein.

Lange Vokale

1.2.

Dankbarkeit Johann Peter Hebel 1.2.1.

In der S__schlacht von Trafalgar, w__rend d__ K__geln sausten und d__ Mastbäume krachten, fand ein Matr__se noch Zeit z__ kratzen, w__ es __n biß, n__mlich auf d__m Kopf. Auf einm__l streifte er mit zusammengel__gtem Daumen und Zeigefinger bedächtig an einem H__re herab und l__ß ein armes T__rlein, das er zum Gefangenen gemacht hatte, auf d__n B__den fallen. __ber ind__m er sich n__derbückte, um __m d__n G__raus z__ machen, fl__g eine feindliche Kan__nenkugel __m __ber d__n Rücken weg, paff, in das benachb__rte Schiff. D__ ergriff d__n Matr__sen ein dankb__res Gef__l, und __berzeugt, daß er von d__ser K__gel w__re zerschmettert worden, wenn er sich nicht nach d__m T__rlein gebückt hätte, h__b er es sch__nend von d__m B__den auf und setzte es w__der auf d__n Kopf. „Weil d__ m__r das L__ben gerettet hast", s__gte er, „__ber laß dich nicht zum zweitenm__l erwischen, denn ich kenne dich nimmer." (T)

a) Lies den Text. Du merkst, daß in allen Lücken lange Vokale zu ergänzen sind. (M)
b) Fertige die obere Hälfte einer Tabelle wie in 1.1. an, und trage die Lückenwörter geordnet ein. Nimm das Wörterbuch zu Hilfe.

Nach: *Johann Peter Hebel:* Werke. Ausgewählt und mit einem Nachwort versehen von *Paul Alverdes.* Carl Hanser Verlag. München 1954.

E₁

1.2.2. *Gleich klingende Wörter*
(G)

Wal – Wahl	mahlen – malen	Stil – Stiel
Meer – mehr	Moor – Mohr	leeren – lehren
Lid – Lied	wieder – wider	Mal – Mahl
Heer – her	Miene – Mine	Sohle – Sole

a) Je zwei Wörter klingen gleich, werden aber verschieden geschrieben.
b) Kannst du sie erklären?
c) Suche im Wörterbuch verwandte Wörter, und schreibe sie in Listen.

1.2.3. Setze die Wörter von 1.2.2. mit folgenden zusammen:

Denk_mal_   – Fest_mahl_   zer_mahlen_ – ab_malen_
Augen_lid_   – Volks_lied_   ent_leeren_ – be_lehren_
Schuh_sohle_ – Salz_sole_   Wieder_spruch – Wider_holung
Gold_mine_   – Kenner_miene_   Wal_fang   – Wahl_kampf
Besen_stiel_ – Bau_stil_   Meer_wasser – mehr_mals
hinter_her_ – Kriegs_heer_

1.2.4. *Besondere Wörter mit langem i*

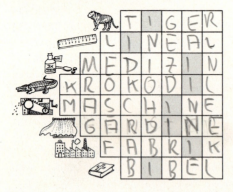

a) Sprich die dargestellten Nomen mit langem i.
b) In Wörtern fremder Abstammung wird das lange i ohne besonderes Längezeichen geschrieben. Schreibe die dargestellten Nomen. Sie ergeben sich aus den folgenden Silben:

| al | bel | Bi | brik | di | di | dil | Fa | Gar | ger |
| ko | Kro | Li | Ma | Me | ne | ne | ne | schi | Ti | zin |

c) Es gibt nur wenige Wörter, die mit ih geschrieben werden. Suche im Wörterbuch unter ih, und erkläre, um welche Wortgruppe es sich handelt.

Kurze, betonte Vokale

1.3.

Wenn der ____ atmen will, muß er immer erst an die Wasseroberfläche schwimmen. Er bläst dann das Wasser, das in die nur unvollkommen geschlossenen Nasenlöcher gedrungen ist, bis zu sechs Meter hoch. Allerdings wirft er keinen Wasserstrahl wie ein Springbrunnen aus, auch wenn es die meisten Zeichner so darstellen. Denn er bläst mit solcher Gewalt, daß das Wasser in feine Tropfen aufgelöst wird. Unmittelbar nach dem Ausatmen zieht er mit schnellem Atemzug die Luft ein. Weithin ist sein Blasen zu hören.

1.3.1.
(T)

Nach: Brehms Tierleben. Neu bearbeitet und herausgegeben von *Ulrich Dunkel*. Büchergilde Gutenberg. Frankfurt/Main 1964, S. 225.

a) Welches Tier wird hier beschrieben? Es gibt dazu ein ähnlich klingendes Wort mit kurzem, betontem Vokal.
b) Schreibe die Wörter mit kurzem, betontem Vokal nach der Tabelle von 1.1. (untere Hälfte) geordnet.

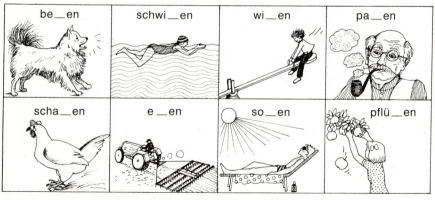

1.3.2.

a) In den dargestellten Verben fehlen die Kürzezeichen.
Schreibe die Verben auf, und unterstreiche die Kürzezeichen im Wortstamm.
b) Schreibe zu jedem Bild einen kurzen Satz, und unterstreiche den Wortstamm:
Der Hund <u>bellt</u>. Du weißt, das Kürzezeichen im Wortstamm bleibt erhalten.

E₁

1.3.3.

Mann	dumm	hoffen	irren	rinnen	hemmen
-heit	-nis	-sal	-schaft	-tum	-ung

Füge je ein Wort aus der ersten Reihe mit einer Wortbildungsendung zusammen. Du siehst, auch hier bleibt das Kürzezeichen des Wortstammes erhalten.

1.4. Kontrolle

Kohn __nd Blau werden der Mar__ne zugeteilt. Sie mü__en vor einer Kommi__ion erscheinen, werden ausgefragt __nd von Tisch zu Tisch geschi__t. Ein O__izier fragt Kohn u__ter anderem: „Kö__en Sie schwi__en?"
Da__auf Kohn zu Blau: „Wa__ hab' ich d__r gesa__t? Nicht einm__l Schi__e h__ben s__!"

<small>Aus: *Milo Dor / Reinhard Federmann:* Der politische Witz. Deutscher Taschenbuch Verlag. München ⁶1973, S. 149.</small>

a) Schreibe die Lückenwörter. Prüfe im Wörterbuch nach.
b) Ihr könnt euch den Text vom Partner diktieren lassen.

2. Schwierige Konsonanten und Konsonantenverbindungen

Schreibungen für sch

2.1. (T)

Voller Bauch studiert nicht gern.
Eigenlob stinkt.
Blinder Eifer schadet nur.
Große Sprünge geraten selten.
Gebrannte Kinder scheuen das Feuer.
Jeder ist seines Glückes Schmied.
Wo gehobelt wird, da fallen Späne.
Spare in der Zeit, so hast du in der Not.
Wenn zwei sich streiten, freut sich der Dritte.

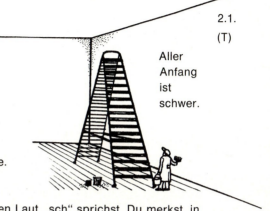

Aller Anfang ist schwer.

a) Könnt ihr die Sprichwörter erklären?
b) Schreibe die Wörter auf, in denen du den Laut „sch" sprichst. Du merkst, in einigen Wörtern wird sch, in anderen s geschrieben.
c) Schreibe die Sprichwörter nach den Wörtern mit sch und s geordnet auf.

Schreibungen für ts

2.2.
2.2.1. (M)

Walze	sitzen	Satz	stets	duzen
einerseits	Skizze	geizig	tanzen	Blitz

a) Sprich die Wörter. Du merkst, daß es für den Laut „ts" verschiedene Schreibungen gibt.
b) Schreibe die Wörter geordnet in eine Tabelle:

z nach langem Vokal	z nach Konsonant (l, n, r)	tz nach kurzem Vokal	zz in Fremdwörtern	ts
duzen				

c) Suche zu den Wörtern mit ts verwandte Wörter oder Wortformen, in denen das s nicht auftritt: stets — stetig — ... Nimm dein Wörterbuch.

2.2.2.

Hei__ung	schwi__en	Pi__a	rech__	schwar__
nich__	plö__lich	Ar__t	Pla__	Kreu__ung

Ergänze die fehlenden Buchstaben mit Hilfe des Wörterbuches, und trage die Wörter in deine Tabelle ein.

2.3. Schreibungen für ks

2.3.1. *Ein Boxkampf*

Zum Abschluß des Sportfestes sollte es in der Turnhalle einen Bo__kampf geben. Rin__herum saßen die Schüler. Der Schulsprecher trat gegen einen Clown an. Anfan__ zeigte sich der Clown seinem Gegner nicht gewa__sen. Er machte nur Fa__en und schlug blindlin__ in die Luft. Aber nach einem heftigen Schlagwe__el versetzte er dem Schulsprecher einen kräftigen Lin__haken. Dieser fiel rücklin__ auf die Matte. Der Sieger machte einen Kni__ und nahm die Perücke ab. Nun erkannten alle den fi__en Bo__er. Es war unser Sportlehrer.

a) Lest diesen Text. In Wörtern mit einem „ks"-Laut sind Lücken gelassen.
b) Schreibe die Wörter nach chs, cks, ks, gs und x geordnet auf.
c) Suche zu den Wörtern mit cks, ks und gs Wortformen, in denen das s nicht auftritt und die Konsonanten ck, k und g deutlich hörbar sind. In der Nachsilbe -lings ist gs eine feste Konsonantenverbindung.
d) Suche zu den Wörtern mit chs andere Wortformen und verwandte Wörter.

2.3.2.

Notiere die Ziffern und die Lösungswörter des folgenden Rätsels. Bei richtiger Lösung steht auf den grauen Feldern chs, cks, ks und x. Die Wörter haben folgende Bedeutungen:

1. Beil, Hauwerkzeug
2. flink, schnell
3. Dose, Schachtel
4. Begrüßung mit Kniebeugung
5. Gegenteil von rechts
6. Zahlwort
7. Umtausch, Veränderung
8. Faustkämpfer
9. Pflanze
10. Rind
11. heimisches Raubtier
12. Riß, Sprung
13. Fleck
14. Mietauto
15. Brennstoff aus Kohle

Überprüfe mit Hilfe des Wörterbuches.

3. Schreibung stimmloser s-Laute

E3

Wörter mit einfachem s

3.1.

a) Du weißt, daß der stimmhafte (gesummte, weiche) s-Laut immer mit einfachem s geschrieben wird.

3.1.1.

> Sonne, se<u>l</u>ten — **stimmhaftes s** — Glä<u>s</u>er, spei<u>s</u>en

b)

¹Glä	²Ha	³lang	⁴Mu	⁵Pin	⁶sa	⁷sam	⁸sel	⁹Son	¹⁰spei
gen	meln	ne	sam	se	sel	sen	ser	sik	ten

Bilde aus je einer Anfangssilbe (oben) und einer Endsilbe (unten) Wörter mit stimmhaftem s. Schreibe die Wörter, und überprüfe im Wörterbuch.

a) Du weißt, daß ein stimmloser s-Laut im Auslaut oder vor -t auch mit einfachem s geschrieben wird, wenn es Wortformen oder verwandte Wörter mit stimmhaftem s gibt:

3.1.2.

> Gla<u>s</u> — **s im Auslaut und vor -t, wenn es Wortformen mit stimmhaftem s gibt** — er spei<u>s</u>t
>
> Glä<u>s</u>er — **stimmhaftes s im Auslaut der Silbe** — spei<u>s</u>en

b)

Schreibe die dargestellten Nomen mit stimmlosem s im Auslaut auf. Notiere dazu Verben mit stimmhaftem s im Inlaut: Eis – vereisen ...

c)

Schreibe die dargestellten Verben mit stimmlosem s vor -t: er niest, ...
Notiere dazu Wortformen oder verwandte Wörter mit stimmhaftem s.

E₃

3.1.3.

Vaters Auto	das	die Opas	alles	kosten
bis	etliches	Meeresufer	knuspern	die Uhus
einiges	du baust	es	die Hotels	Himmelsrichtung

a) Sprich diese Wörter. Du merkst, daß alle Wörter ein stimmloses s haben, das man nicht auf ein stimmhaftes s zurückführen kann.

b) Mache dir folgende Tabelle, und trage die Wörter geordnet ein:

Plural-s	Genitiv-s	st und sp	Endung -es	s in „kleinen" Wörtern und Zusammensetzungen
die Auto<u>s</u>	des Lehrer<u>s</u>	du bi<u>s</u>t	jed<u>es</u> Kind	au<u>s</u> de<u>s</u>, de<u>s</u>halb

3.1.4. *Liegt unsere Zukunft unter den Ozeanen?*

Unter dem Meeresgrund entlang der Küsten werden 90 Milliarden Tonnen Öl vermutet, das Dreißigfache der heutigen Weltjahresproduktion. Wegen des großen Energiebedarfs sind wir auf dieses Öl angewiesen. Deshalb werden diese Öllager ausgebeutet, auch wenn die Förderung in den Ozeanen ungleich schwerer ist als auf dem Festland. In diesem Jahr werden allein aus dem Meeresboden der Nordsee über 100 Millionen Tonnen kostbares Öl fließen.

a) Lest den Text. Es stehen mehrere Wörter mit stimmlosem s darin.
b) Trage die Wörter in deine Tabelle ein.

ß oder ss?

3.2.

a) Ein stimmloser s-Laut zwischen Vokalen wird nach langem Vokal ß und nach kurzem Vokal ss geschrieben:

3.2.1.

b)
Nü__e	Stra__e	flei__ig	anfa__en	au__en
begrü__en	e__en	be__er	schmei__en	verge__en
flie__en	mü__en	Flü__igkeit	Begrü__ung	schlie__en

Schreibe die Wörter, und unterstreiche ß und ss mit verschiedenen Farben.

a) Man schreibt im Auslaut und vor -t ein ß, wenn es Wortformen oder verwandte Wörter mit ß oder ss im Inlaut gibt:

3.2.2.

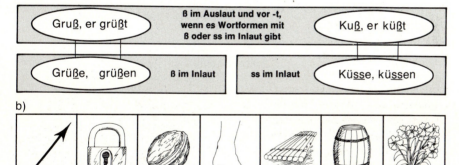

b)

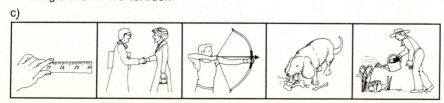

Schreibe die dargestellten Nomen. Schreibe auch Wortformen oder verwandte Wörter mit ß oder ss im Inlaut: Spieß, Spieße, aufspießen ...
Vergleiche im Wörterbuch.

c)

Schreibe die dargestellten Verben im Infinitiv und in der 3. Person Einzahl.

E₃

3.3.

3.3.1.

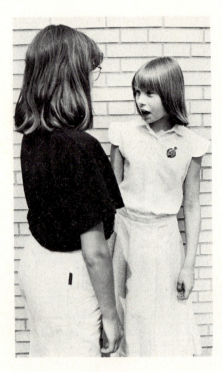

das oder daß?

Pausengespräch

„Gib mir bitte das Heft wieder, das ich dir geliehen habe."

„Meinst du das hier?"

„Nein, das Deutschheft vermisse ich, auf das ich meinen Namen geschrieben habe."

„Du suchst bestimmt das in dem roten Umschlag, das du Peter gegeben hast?"

„Weißt du das genau?"

„Ich habe das Heft jedenfalls nicht."

„Entschuldige bitte. Ich werde mal Peter fragen."

(M) a) Lest dieses Gespräch mit verteilten Rollen.

(G) b) In dem Gespräch kommt mehrfach das Wort „das" mit einfachem s vor. Prüfe, um welches „das" es sich jeweils handelt:

das als bestimmter Artikel:	das neue Buch
das als Demonstrativpronomen: (hinweisendes Fürwort)	ich weiß das nicht
das als Relativpronomen: (bezügliches Fürwort)	ein Buch, das du kennst

Es gibt eine Eselsbrücke: Man schreibt „das" mit einfachem s, wenn man „dieses" oder „welches" dafür einsetzen kann. Versuche es einmal.

3.3.2.

„Peter, erinnerst du dich, daß ich dir mein Deutschheft gegeben habe?"

„Natürlich. Hier ist es."

„Ich dachte schon, daß ich es verloren hätte."

a) Lest dieses Gespräch. (M)
b) In diesem Gespräch kommt die Konjunktion „daß" vor. Prüfe, ob du dafür die (G) Wörter „dieses" oder „welches" einsetzen kannst.
c) Bilde Sätze mit der Konjunktion (Bindewort) „daß":

befürchten:	Er kommt zu spät. — Er befürchtet, daß er ...
hoffen:	Sie wird gesund. — Sie hofft, ...
ahnen:	Er wird krank.
glauben:	Sie bekommt ein Fahrrad.

E3

3.3.3. *Telefongespräch*

„Weißt du, ____ wir heute Training haben?"
„Ja, ____ weiß ich. Aber ich glaube, ____ ich nicht mitkommen kann. Ich habe meinem Vater versprochen, ____ ich noch ____ Auto wasche."
„Mach ____ doch nach dem Training! ____ Spiel, ____ wir am Sonntag haben, ist so wichtig, ____ wir unbedingt noch trainieren müssen."
„____ stimmt. Aber ich kann doch ____ Versprechen, ____ ich meinem Vater gab, nicht brechen. Ich weiß! Du hilfst beim Autowaschen, und dann bitten wir meinen Vater, ____ er uns zum Training fährt."
„____ ist eine gute Idee. Abgemacht!"

(M) a) Lies dieses Gespräch. In den Lücken fehlt „das" oder „daß".
b) Schreibe den Text mit den fehlenden Wörtern auf.

Besondere Nomen mit -s

3.4.
(G)

Nomen mit der Wortbildungsendung -nis

3.4.1.

| **hindern** | **ergeben** | **geheim** | **Bild** | **erleben** | **wagen** |

a) Bilde aus diesen Wörtern Nomen mit der Wortbildungsendung -nis: das Hindernis, ...
b) Schreibe diese Nomen auch im Plural: Hindernisse, ...
   Du siehst, daß die Wortbildungsendung -nis entgegen der Grundregel nur mit einfachem s geschrieben wird.
c) Vielleicht fallen dir weitere Wörter mit der Wortbildungsendung -nis ein.
   Schreibe sie auf, und überprüfe im Wörterbuch.

Fremdwörter mit -as, -is, -us

3.4.2.

| **At** | **Glo** | **Kro** | **Kür** | **Omni** | **Zir** |
| bus | bis | bus | kus | kus | las |

Schreibe die Lösungswörter im Singular und Plural: Atlas – Atlasse, ...
Nimm das Wörterbuch zu Hilfe. Du siehst, daß diese Wörter im Auslaut nur einfaches s haben, obwohl sie im Plural mit ss geschrieben werden.

E4   4. Groß- und Kleinschreibung

4.1. Großschreibung von Nomen und Satzanfängen

eine spielbeschreibung

ein buchstabenspiel für 2 bis 4 fast oder ganz erwachsene mitspieler, zu dem mehr als 100 mit buchstaben und wertpunkten bedruckte holzplättchen und ein spielplan gehören. der spielplan hat eine ganze reihe farbiger gewinnfelder mit verschiedenem wert. die holzplättchen müssen reihum aus einem beutel gezogen und so angesetzt werden, daß beliebige wörter entstehen, die wie beim kreuzworträtsel miteinander verbunden sind. wortschatz und schlagfertigkeit bringen punkte und gewinn.

<small>Kurzbeschreibung im Deckel des Scrabble-Spiels, Nürnberg, Spear-Spiel.</small>

Kennt ihr das Spiel, das hier beschrieben wird? Der Text ist in Kleinbuchstaben gedruckt. Ihr könnt daran überprüfen, ob ihr Nomen und Satzanfänge erkennt.
a) Lest die Nomen vor, und begründet, warum ihr sie für Nomen haltet.
b) Schreibt jetzt den Text mit Großschreibung ins Heft.

4.2. Verben, die als Nomen gebraucht werden
(G)

Lautäußerungen bei Elefanten

Elefantenkühe können ihren Nachwuchs rufen, indem sie ihre Ohren laut gegen den Kopf schlagen. Wenn sich befreundete Tiere treffen, begrüßen sie sich mit leisem Quietschen und Grollen. Wenn Elefanten durch Raubtiere oder Menschen überrascht werden, trompeten sie; dieser schrille Ton kann Flucht oder Angriff einleiten. Das Drohen ist oft begleitet vom Schlagen mit dem Rüssel auf den Boden. Die Lautäußerungen Grollen, Quietschen und Brüllen werden im Kehlkopf erzeugt, das Trompeten entsteht im Rüssel.

In diesem Text gibt es groß geschriebene Verben. Sie sind als Nomen gebraucht.

<small>Nach: *Bernhard Grzimek:* Grzimeks Tierleben. Säugetiere 3. Deutscher Taschenbuch Verlag. München o. J., S. 497.</small>

a) Als Nomen gebrauchte Verben stehen oft mit einem Artikel, einer Präposition oder einem Adjektiv davor. Legt eine solche Tabelle an, und sucht die Beispiele dafür heraus:

mit Artikel	mit Präposition	mit Adjektiv

b) Manchmal findest du groß geschriebene Verben auch ohne besondere Kennzeichen. Es hilft dir, wenn du versuchst, den Artikel einzufügen. Schreibe die groß geschriebenen Verben ohne Kennzeichen, und suche Artikel dafür.

Adjektive, die als Nomen gebraucht werden

4.3.

Für b_linde Menschen ist es oft s_chwer, sich außerhalb ihrer v_ertrauten Umgebung zurechtzufinden. Alles N_eue kann der B_linde nur mit Hilfe seines Gehörs, seines Tastsinns und seiner Nase erleben und kennenlernen. Deshalb ist für ihn die v_erständnisvolle Hilfe der Mitmenschen etwas sehr W_ichtiges. Es ist aber auch für den G_utwilligen nicht e_infach, r_ichtig zu helfen.
Die meisten B_linden wünschen sich Unterstützung, die ihnen hilft, möglichst s_elbständig zu leben. Wenn man versucht, ihnen alles S_chwierige abzunehmen, tut man ihnen deshalb wenig G_utes.

(G)

In diesem Text fehlt bei einigen Wörtern der erste Buchstabe. Ihr werdet trotzdem herausfinden, wie diese Wörter heißen.

a) Klärt, welche Adjektive **groß** geschrieben werden, weil sie als Nomen gebraucht werden. Diese Regeln können euch dabei helfen:

> Adjektive, die mit einem Mengenbegriff wie *alles, viel, manches, wenig, sehr, nichts* stehen, werden groß geschrieben.
>
> Vor Adjektive, die als Nomen gebraucht werden, kann man einen eigenen Artikel setzen, der nur zu diesem Adjektiv gehört:
> der *Blinde* aber: der *blinde* Mann

b) Schreibt den Text ins Heft. Kontrolliert eure Schreibweise.

4.4. Groß- und Kleinschreibung von Zahlwörtern

4.4.1.
(G)

Rund 68 Milliarden DM geben die Bundesbürger im laufenden Jahr dafür aus, auf eigenen vier Rädern dahinzurollen. Ziemlich genau jede zehnte Mark ihrer gesamten Verbrauchsausgaben ist damit für den Pkw bestimmt. Tatsächlich sind aber von den 24 Millionen Haushalten „nur" etwa 15 Millionen Autobesitzer.

Zeichnung: Globus-Kartendienst, Nr. 2550. Hamburg (Ausschnitt)

Aus: *Willi Delfs, Peter Friedrich, Klaus Kemmet, Jörn Norden, Jürgen Seidel:* Arbeitslehre, Berufsorientierung. Verlag Erziehung und Wissenschaft. Hamburg 1978, S. 9.

In diesem Text werden Zahlen sehr unterschiedlich geschrieben:
— als Ziffer
— als Wort
— gemischt als Ziffer und Wort

a) Sucht für jede Schreibweise ein Beispiel.
b) Überlegt, welche Vor- und Nachteile die verschiedenen Schreibweisen haben.

> Zahlwörter schreibt man klein, wenn sie wie Adjektive gebraucht werden. Die Zahlwörter *Million, Milliarde, Billion* usw. werden immer als Nomen benutzt und deshalb **groß** geschrieben.

c) Suche im Text Beispiele für diese Regeln.
d) Schreibe den Text ab, und unterstreiche die Zahlwörter.

4.4.2. *3, 7 und 13*

(G)

Für viele Menschen haben die 3, die 7 und die 13 eine besondere Bedeutung. Schon im Märchen müssen Prinzen meist 3 Aufgaben lösen, und der 3. Sohn oder die 3. Tochter sind oft etwas Besonderes. Wir sagen auch heute noch: Aller guten Dinge sind 3.

Auch die 7 ist schon im Märchen bedeutsam. Es gibt die 7 Zwerge und die 7 Raben. Heute gilt die 7 bei uns allgemein als Glückszahl und ist deshalb als Autonummer sehr begehrt.

Die 13. Fee bringt Dornröschen Unglück. Die 13 halten viele Menschen für eine Unglückszahl. Sie befürchten: Am Freitag, dem 13., geht alles schief. Deshalb werden an diesen Tagen weniger Ehen und Verträge geschlossen als an anderen Tagen.

E4

In diesem Text sind alle Zahlen als Ziffern geschrieben.
Schreibe den Text, und beachte dabei folgende Regeln:

> Die Zahlen 1 bis 12 schreibt man meist als Wörter, die höheren Zahlen als Ziffern.
> Zahlen im Datum schreibt man als Ziffern.
> Zahlwörter schreibt man groß, wenn sie als Nomen gebraucht werden: die Acht, eine glatte Eins.
> Zahlwörter schreibt man klein, wenn sie wie Adjektive benutzt werden: drei Kinder, die zweite Antwort.

Kleinschreibung von Ordnungszahlen 4.4.3.

Du weißt, Zahlwörter, die als Nomen gebraucht werden, schreibt man groß. Das (G)
gilt normalerweise *nicht* für Ordnungszahlen wie *der fünfte, der zweite,* wenn man das zugehörige Nomen ergänzen kann:
der fünfte Läufer
der zweite Läufer
der vierzigste Läufer

Beim Slalom dürfen die Skiläufer, die in Vorläufen erfolgreich waren, in der 1. Gruppe von Läufern starten. Der 1. hat den Vorteil, auf einer gut präparierten Bahn zu fahren. Für den 10. oder 20. ist es schwerer, weil die Bahn schon zerfahren ist. Aber selbst als 40. hat man noch eine kleine Chance zu gewinnen, wenn man Glück hat. Oft entscheidet nur der 10. Teil einer Sekunde über den Sieg.

Schreibe den Text, und ersetze dabei die Ziffern durch Wörter.

4.5. Großschreibung von Adjektiven in Namen und Titeln

4.5.1. a) Auf dieser Landkarte findest du die Namen von Ozeanen. Schreibe sie heraus. Du siehst, daß die Adjektive groß geschrieben werden.
Diese Adjektive werden deshalb groß geschrieben, weil sie ein fester Bestandteil des Namens sind.

b) Sucht im Atlas Namen von Meeren, Buchten, Bergen usw., die aus Nomen und Adjektiv, das fest zum Namen gehört, bestehen.

Quelle: Atlas Unsere Welt. GVG. Berlin 1978.

c) Auch bei Straßennamen findest du die Großschreibung des Adjektivs: Lange Reihe, Hohe Straße.
Kennst du auch solche Straßennamen? Du kannst auch im Stadtplan nachsehen.

4.5.2.

alt ▷	das ▭ Testament	▭ Möbel
deutsch ▷	die ▭ Bundespost	▭ Sprachbücher
rot ▷	ein ▭ Luftballon	das ▭ Kreuz
frei ▷	▭ Universität Berlin	ein ▭ Mensch
weiß ▷	eine ▭ Schneelandschaft	das ▭ Haus
groß ▷	ein ▭ Zufall	Karl der ▭
wild ▷	Gasthof ▭ Jäger	▭ Tiere

In die Lücken passen die Adjektive, die links daneben stehen. Entscheide, ob es sich um Namen handelt und das Adjektiv deshalb *groß* geschrieben wird oder ob das Adjektiv zum Nomen nur als normales Attribut (Beifügung) gehört und klein geschrieben wird. Schreibe in zwei Listen geordnet:

Name	kein fester Begriff

Großschreibung von Anredepronomen 4.6.

Anredepronomen in Briefen 4.6.1.

In Briefen werden die Anredepronomen und die Possessivpronomen für den Empfänger **groß** geschrieben:
  Ich gratuliere *Dir* zu *Deinem* Geburtstag.
  Wir bitten *Euch* um *Eure* Hilfe.

> Westerland, den 18.8.80
>
> Hallo, Jan!
> Sicher wunderst u ich, daß ich ich aufraffe, ir zu schreiben. Nun bin ich schon eine Woche hier im Ferienlager. Leider habe ich ir den linken Fuß verstaucht und humple mühsam umher. Das darfst u aber einer Mutter nicht erzählen, weil sie sich sonst nur aufregt. Hast u ein Fahrrad inzwischen repariert?
> Mach's gut!
> ein Humpelbein Olaf

a) Nenne im Brief die Anredepronomen und die dazugehörigen Possessivpronomen.
b) Schreibe den Brief, und entscheide, welche Pronomen groß geschrieben werden. (S)

Großschreibung von Höflichkeitsformen 4.6.2.

Die Höflichkeitsformen der Anrede *Sie* und *Ihr* werden immer **groß** geschrieben: Lassen *Sie Ihren* Hund bitte an der Leine.

So verhalten ____ sich bei Betriebsstörungen in der U-Bahn richtig: Bewahren ____ bei allen außergewöhnlichen Vorkommnissen bitte Ruhe, und warten ____ die Anweisungen des Personals ab. Ziehen ____ bei unmittelbarer Gefahr die Notbremse. Bekämpfen ____ Feuer mit den Feuerlöschern; ____ befinden sich unter den gekennzeichneten Sitzen. Steigen ____ bei Halt auf freier Strecke nicht ohne Aufforderung durch das Personal aus, das ____ beim Aussteigen hilft und ____ zur nächsten Haltestelle führt.

Schreibe den Text, und ergänze dabei die Pronomen. Schreibe nur die Höflichkeitsformen groß.

E5 5. Stammwortschreibung

5.1. Schreibung der Verbformen
(G)

Regelmäßige Konjugation

AKTIV

	starkes Verb Indikativ	schwaches Verb Indikativ
Präsens		
ich	fahre	stelle
du	fährst	stellst
er, sie, es	fährt	stellt
wir	fahren	stellen
ihr	fahrt	stellt
sie	fahren	stellen
Präteritum		
ich	fuhr	stellte
du	fuhrst	stelltest
er, sie, es	fuhr	stellte
wir	fuhren	stellten
ihr	fuhrt	stelltet
sie	fuhren	stellten
Perfekt		
ich	bin gefahren	habe gestellt
...	...	...

Dies ist ein Auszug aus einer Verbformentabelle. Du weißt, daß ein Wortstamm in allen Wortformen gleich oder ganz ähnlich geschrieben wird.

a) Gliedere jeweils den Verbstamm aus.
b) Welche Verbart (starkes – schwaches Verb) hat immer den gleichen Stamm? Prüfe das an weiteren Verben.
c) Bei welchen Verbformen des starken Verbs findest du den Wechsel des Stammvokals und den Umlaut? Bilde Formen mit -ü-.
d) Bilde entsprechende Formen mit den Verben *kommen, nehmen, laufen,* und erkläre die Schreibung.
e) Bilde auch Formen mit den Verben *gehen* und *bringen,* und nenne zusätzliche Schreibschwierigkeiten.

Schreibung von Wortbildungen

5.2.

die **Fabel,** die Fabeln; fabulieren
die **Fa|brik,** die –en; die Fa|brikation;
der **Fa|brikant,** des –en, die Fabrikanten; fa|brizieren, fabriziert
das **Fach,** die Fächer; fachlich;
der **Fächer;** fächern; fächeln, ich fächele
die **Fackel,** die Fackeln; der Fackelzug; fackeln; es wird nicht lange gefackelt
der **Faden,** die Fäden; das Fädchen; fadendünn; fadenscheinig
fähig; die Fähigkeit
fahl (blaß, bleich); fahlgelb
fahnden, gefahndet; die Fahndung
die **Fahne;** das Fähnlein; der Fähnrich
fahren [9] du fährst, er fährt, er fuhr; Auto fahren, ich fahre Auto; so auch: Schi fahren, Schlittschuh fahren, aber: radfahren: ich fahre Rad, ich fuhr Rad, ich bin radgefahren, ich brauche nicht radzufahren; spazierenfahren, ich fahre spazieren, ich bin spazierengefahren;
fahren lassen; Vater will mich nicht ins Ausland fahren lassen, aber: fahrenlassen (aufgeben); Udo sollte seine Pläne schnellstens fahrenlassen;
fahrbar; fahrbereit; die Fähre;
der **Fahrer;** der Fahrgast; die Fahrgäste;
das Fahrgeld; fahrig; die Fahrkarte; fahrlässig; die Fahrlässigkeit;
der **Fährmann,** die Fährmänner u. Fährleute;
der Fahrplan, die Fahrpläne; fahrplanmäßig;
das Fahrrad, die Fahrräder;
die Fähre; das Fährschiff; der Fahrstuhl;
die Fahrt; die Fährte; das Fahrzeug
fair [fär] (ehrlich, anständig); die Fairneß
das **Faksimile** (getreue Nachbildung einer Vorlage), die Faksimiles
der **Faktor,** des Faktors, die Faktoren;
das **Faktum** (Tatsache), die Fakta u. Fakten
der **Falke,** des –n, die –n; der Falkner
der **Fall** (grammat.: Kasus [14]), die Fälle; im Falle, daß; für den Fall, daß; gesetzt den Fall, daß; für alle Fälle; von Fall zu Fall; auf jeden Fall; auf alle Fälle; auf keinen Fall;
die **Falle;** der Fallensteller;
fallen [9] du fällst, er fiel:
fallen lassen (z. B. ein Glas), aber: fallenlassen (aufgeben), ich habe den Plan jetzt doch fallenlassen;
fällen, er hat Bäume gefällt; fällig; die Fälligkeit; die Fallinie [Fall-linie]; falls; allenfalls, ander[e]nfalls, äußer|stenfalls, be|stenfalls, gegebenenfalls, jedenfalls, keinesfalls, möglichenfalls, nötigenfalls

Wenn ihr in einem Schülerwörterbuch das Verb *fahren* sucht, dann merkt ihr, daß da noch viele Wörter stehen, die denselben Wortstamm enthalten. Benutzt den Auszug aus einem Wörterbuch für die folgenden Aufgaben.

5.2.1.
(G)
(T)

a) Suche Zusammensetzungen, bei denen der Wortstamm *fahr* mit anderen Wörtern zusammengesetzt ist, und schreibe sie auf: *Fahrkarte, Fährmann.*

b) Schreibe Ableitungen mit Wortbildungsendungen auf: *Fahrer, Fährte.*

c) Bilde weitere Wörter mit verschiedenen Vorsilben: *vorfahren, umfahren.*
In diesen Wörtern wird der Stamm immer gleich oder ganz ähnlich (mit Umlaut) geschrieben. Warum findest du diese Wörter in der Wörterspalte links nicht? Wo mußt du im Wörterbuch suchen?

d) Neben *fahren* findest du verschiedene Personal- und Tempusformen. Bei den Tempusformen ändert sich der Stammvokal, sonst wird der Stamm aber gleich geschrieben. Suche weitere Wörter mit verändertem Stammvokal, und schreibe sie auf: *Fuhre, führen.* Wo findest du sie im Wörterbuch?

e) Suche in der Wörterspalte andere Stammwörter, und schreibe Ableitungen oder Zusammensetzungen mit Umlaut dazu.

Aus: *Friedrich Essner / Manfred Jungke:* Richtig schreiben. Hermann Schroedel Verlag. Hannover ³³1979, S. 45/46.

E₅

5.2.2.
(G)
(T)

un|ab|änderlich; unabhängig; unabkömmlich; unablässig; unabsehbar; unabsichtlich; unabwendbar
un|auf|hörlich; unauflöslich; unaufmerksam; unaufrichtig
●un|aus|bleiblich; unausführbar; unausgesetzt; unauslöschlich; unaussprechlich; unausstehlich
●unbändig
●unbefugt; die Unbefugten; Betreten für Unbefugte verboten
das Unbehagen; unbehaglich
unbehelligt
●unbe|irrbar; die Unbeirrbarkeit
unbekannt; ein unbekannter Mann; aber: das Grab des Unbekannten Soldaten; der große Unbekannte; eine Gleichung mit zwei Unbekannten; eine Anzeige gegen Unbekannt
die Unbill, die Unbilden; unbillig
und ⟨u.⟩; und so fort ⟨usf.⟩; und so weiter ⟨usw.⟩
●unendlich; bis ins unendliche (unaufhörlich, immerfort), aber: bis ins Unendliche (bis in die Ewigkeit);
●unentgeltlich (ohne Entgelt)
unentschieden; das Unentschieden
●unerbittlich; unerhört ●unerläßlich; unermeßlich ●unersättlich ●unerträglich
die UNESCO (Organisation der Vereinten Nationen für Erziehung, Wissenschaft und Kultur)
unfair [unfär] (unsportlich; unlauter)
der Unfall, die Unfälle
●unfehlbar; die Unfehlbarkeit
der Unflat (Schmutz) ●unflätig
unförmig (mit unschöner Form), aber: unförmlich (ohne Förmlichkeiten)
der Unfug
Un|garn (europ. Land); un|ga|risch; der Un|gar, des Ungarn, die Ungarn
ungebärdig; die Ungebärdigkeit
ungebührlich; die Ungebührlichkeit
●ungefähr; von ungefähr; ungefährdet; ungefährlich; die Ungefährlichkeit
das Ungeheuer, die Ungeheuer; ungeheuer
ungeschlacht (grob; plump)
das Unge|stüm; mit Ungestüm; unge|stüm
das Ungetüm, die Ungetüme
●ungewiß; im ungewissen sein; im ungewissen bleiben, lassen; ins ungewisse leben, aber: ins Ungewisse steigern
das Ungeziefer, die Ungeziefer
das Unglück, die Unglücksfälle; unglück- [lich
die Ungunst; zuungunsten der Armen, aber: zu meinen Ungunsten; ungünstig
ungut; nichts für ungut

Auch diese Spalte ist ein Auszug aus einem Schülerwörterbuch. Sie ist verwirrend durch die vielen Wortbildungselemente (Vorsilben und Endungen). Es ist oft schwer, darin die Wortstämme zu erkennen:

unab<u>ä</u>nderlich

a) Schreibe die mit einem Punkt gekennzeichneten Wörter heraus, und suche die Stammwörter. Erkläre, inwiefern dir das Stammwort zur richtigen Schreibung verhilft:

unabwen<u>d</u>bar — wen<u>d</u>en

b) Suche noch andere Wörter heraus, nenne ihren Stamm, und bilde mit ihm weitere Wörter. Prüfe, inwiefern der Stamm in diesen Wörtern anders oder gleich geschrieben wird.
Du kannst dabei das Wörterbuch benutzen.

c) Suche in der linken Spalte Wörter, die ohne verneinende Vorsilbe „un-" nicht mehr stehen können:

Unfug

Aus: *Friedrich Essner / Manfred Jungke:* Richtig schreiben. Hermann Schroedel Verlag. Hannover ³³1979, S. 128/129 (geändert).

6. Zusammen- und Getrenntschreibung

Zusammenschreibung von Wortbildungen

6.1.

Die Weibchen der echten Wespen verbringen den Winter [...] völlig starr in einem Schlupfwinkel, sei es unter Rinde oder Moos, in morschem Holz oder in Mauerritzen. Die ersten warmen Sonnentage im Frühjahr erwecken sie zu neuem Leben. Sie begeben sich zuerst auf Nahrungssuche nach süßem Blütennektar. Alsbald beginnt jedes Weibchen [...], nach einem geeigneten Nistplatz Ausschau zu halten. Je nach der Nistplatzwahl unterscheidet man Freinister und Höhlennister [...].

6.1.1.

(G)

a) Nennt die Nomen in diesem Text.
b) Mehrere dieser Nomen sind zusammengesetzte Nomen, nenne sie. Grundsätzlich schreibt man feste Wortbildungen zusammen.
c) Nomen können mit verschiedenen anderen Wortarten zusammengesetzt sein. Schreibe die zusammengesetzten Nomen in diese Tabelle:

Adjektiv + Nomen	Verbstamm + Nomen	Nomen + Nomen	Präposition + Nomen

d) Auch Wortbildungen von Verben stehen in diesem Text. Schreibe die heraus, die mit einer Vorsilbe gebildet sind wie *verbringen*.

Aus: *Bernhard Grzimek*: Grzimeks Tierleben. Bd. 2: Insekten. Deutscher Taschenbuch Verlag, München o. J., S. 491 (gekürzt).

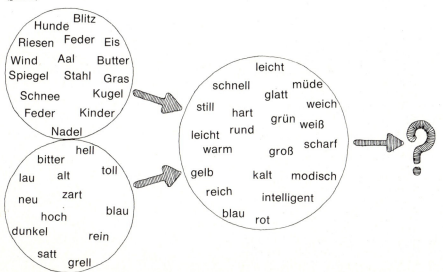

6.1.2.

Bilde aus den Wörtern dieser drei Flächen Adjektive: *hundemüde, blitzschnell*.

E6

6.2. Zusammen- und Getrenntschreibung von Verben

6.2.1. (G) Wenn aus einem Verb und einem anderen Wort ein fester neuer Begriff geworden ist, schreibt man diese beiden Wörter zusammen:

(1) Hans muß den Ball *wieder holen!* — Das Verb heißt: holen.

(2) Beim Erlernen einer Fremdsprache muß man oft Vokabeln *wiederholen.* — Der feste neue Begriff heißt: wiederholen.

(M) Lest die beiden Sätze laut, und achtet dabei auf die unterschiedliche Betonung von *wieder holen* und *wiederholen.* Achtet auch in den folgenden Sätzen auf die Betonung der Verben, die in die Lücken gehören.

| zusammen + tragen | Schwere Lasten lassen sich leichter _____. |
| | Forscher müssen ihre Ergebnisse oft mühsam _____. |

| frei + sprechen | Nur wenige Menschen können vor einer Gruppe ohne Hemmungen _____. |
| | Manchen Verdächtigen muß das Gericht _____, weil die Beweise nicht ausreichen. |

a) Klärt im Gespräch die unterschiedliche Bedeutung der eingesetzten Verben, und schreibt die Sätze dann auf.
b) Bildet mit diesen Wörtern jeweils zwei Sätze:
   gut + schreiben, sitzen + bleiben

6.2.2. (G) Das Verb *zuhören* darf man nicht mit dem Infinitiv von *hören* + *zu* verwechseln.
Vergleiche: Wir sollten besser *zuhören.*
             Die Durchsage ist schlecht *zu hören.*

Bei der Unterscheidung hilft dir die Frage: Handelt es sich um das Verb *hören* oder um das Verb *zuhören*? Wenn es sich nur um *hören* handelt, wird es getrennt geschrieben. Wende diese Regel bei den folgenden Sätzen an:

| zu + sehen oder zusehen? | In Fußballstadien können viele tausend Zuschauer _____. |
| | Zwischen grünen Blättern sind Laubfrösche schwer _____. |

E6

> zu + geben oder zugeben?

Eine schlechte Angewohnheit vieler Zoobesucher ist es, den Tieren Zucker _____.

Er sollte seine Schuld _____.

a) Schreibe die Lückensätze mit der passenden Verbform.
b) Der Infinitiv von *zusehen* heißt: *zuzusehen*. Bilde die Sätze so um, daß *zuzusehen* und *zuzugeben* vorkommen.

Schreibung fester Wendungen 6.3.

Immer wiederkehrende Wendungen, meist solche, die aus zwei Wörtern bestehen, werden heute oft zusammengeschrieben: 6.3.1.

spazierengehen	**wetterleuchten**	**mithilfe**	**aufgrund**
kennenlernen	**radfahren**	**anhand**	**inmitten**
danksagen		**anstelle**	

a) Zerlege diese festen Wendungen in ihre Ausgangswörter. Welche Wendungen haben eine ganz andere Bedeutung als ihre Einzelwörter? (G)
b) Bilde mit jeder Wendung einen Satz, und schreibe ihn auf.

In einem Vorschlag für eine Reform der Rechtschreibung heißt es: 6.3.2.
„Nur echte Zusammensetzungen (Komposita) sollen zusammengeschrieben werden. In Zweifelsfällen ist die Getrenntschreibung vorzuziehen."

Aus: Wiesbadener Empfehlungen. 1958. Unveröffentlichtes Manuskript. Hrsg. von einer Kommission der Kultusministerkonferenz u. a.

a) Bildet echte Zusammensetzungen (Komposita), vergleicht sie mit den festen Wendungen von 6.3.1.
b) Schreibt die Sätze von 6.3.1. b) mit den festen Wendungen getrennt an die Tafel.
c) Erklärt, warum die Getrenntschreibung manchmal merkwürdig wirkt.
d) Welche Gründe sprechen für die geltende Regel (oben 6.3.1.)? Aus welchen Gründen könnte man sich für den Reformvorschlag entscheiden?

E6

6.4. Schreibung von Straßennamen und erdkundlichen Begriffen

6.4.1. Straßennamen werden sehr unterschiedlich gebildet und leider auch unterschiedlich geschrieben: zusammen in einem Wort: Kurfürstendamm
getrennt in mehreren Wörtern: Neuer Jungfernstieg
mit Bindestrichen: Ernst-August-Platz

6.4.2. a) Übertrage diese Tabelle ins Heft, und ordne die oben gezeichneten Straßennamen ein. Beachte dabei: Adjektive werden auch in Straßennamen — wie in anderen Eigennamen — groß geschrieben. Das erste Wort in einem Straßennamen wird immer groß geschrieben.

in einem Wort	in mehreren Wörtern	mit Bindestrichen

b) Versucht, Regeln in der Schreibweise zu erkennen, und ordnet diese Stichworte den passenden Spalten zu:
mit Vor- und Familiennamen — mit einfachem Nomen — mit Titel und Nomen — mit gebeugter Ortsbezeichnung — mit Präposition — mit ungebeugtem Adjektiv

c) Ergänze die Tabelle mit erdkundlichen Namen. Benutze auch die Karte S. 126.

7. Fremdwörter

[Zeitungsüberschriften-Collage:]

Magazin für Photographie

"Die große Chance für den Westen"

In weißen Shorts zum Sport

Sympathie

Botschafter klagt seinen Chef an

Private Autofahrten unerwünscht

Er brachte Herz in das Musical

Nach der Revolution

313 vor Christus siedelten hier schon Menschen

Champion

Ein Cup in Gold

Meister seinen Rivalen loswurde

Die Philosophie für den

Wahlkampf-Thema

und „Blasen im Kopf des Athleten"

München entging nur knapp der Katastrophe

im Chor: „indig, kalt"

9 ins Mikrophon

7.1. Ungewöhnliche Schreibungen in Fremdwörtern (Übersicht)

(→ C 1.1.)

In diesen Zeitungsüberschriften stehen Fremdwörter, in denen Konsonanten anders geschrieben werden als in deutschen Wörtern.
a) Lest die Fremdwörter, und erklärt ihre Bedeutungen.
b) Mache dir folgende Tabelle, und trage die Fremdwörter ein:

Schreibung:	sh	ch	ch	c	ph	v	th
Aussprache:	„sch"	„sch"	„k"	„k"	„f"	„w"	„t"

Wörter:

c) Du kannst deine Tabelle mit Hilfe des Wörterbuches erweitern.

E7

7.2. Englische Fremdwörter

7.2.1. *Curling für Leute mit „Köpfchen" und „Ballgefühl"*

(T) Eine Million Menschen spielen in Kanada Curling. Auch in der Schweiz spielen über 10 000 Aktive den flachrunden Stein aus schottischem, porenfreien Granit. Mit „Curling on ice is nice" wirbt neuerdings der Curling-Club Hamburg (CCH) um neue Mitglieder, damit das Eisspiel auch hierzulande allmählich zum Volkssport wird. „Leute mit Ballgefühl", sagt Thomas Goldemann (41), der Trainer des Hamburger Klubs, „kommen besonders schnell zum Erfolgserlebnis." Goldemann denkt dabei an Tennis-, Hockey-, Golf- oder Volleyballspieler. „Aber auch diejenigen, die bisher kaum Sport betrieben haben, können rasch Vergnügen am Curling finden" (so Vorsitzender Heinz Eichler). Und für Leute mit „Köpfchen" ist Curling genau das Richtige. „Denn dieses Spiel wird von der Taktik bestimmt", weiß Trainer Goldemann.

Der Curling-Club Hamburg veranstaltet auch Turniere. Am Wochende ging's um den internationalen Michel-Pokal. Sieger wurde das Team aus Oberstdorf vor Hvidovre Kopenhagen und der Mannschaft aus Hamburg. Auf Platz vier kam ein komplettes Damen-Team aus Esbjerg.

Aus: Hamburger Abendblatt, 19. 11. 1979, S. 16.

Es gibt viele Wörter im Sport, die aus dem Englischen stammen.
a) Suche englische Fremdwörter aus dem Text heraus, und erkläre, was an ihrer Schreibung typisch englisch ist.
b) Nenne weitere Wörter der Sportsprache, die aus dem Englischen stammen, und überprüfe ihre Schreibung im Wörterbuch.

7.2.2.
Mein *Steckenpferd* ist Reiten.
Das Lied ist ein *Erfolgsstück*.
Ich trage am liebsten *blaue Baumwollhosen*.
Er benimmt sich wie ein *Säugling*.
An meinem Geburtstag mache ich eine *zwanglose Gesellschaft*.
Morgens essen wir *geröstetes Weißbrot*.
Das Rathaus liegt in der *Innenstadt*.
Im Sommer sind *kurze Hosen* sehr bequem.
Ein Spieler erhielt die gelbe Karte für ein *Regelvergehen*.

a) Lies diese Sätze. Einige Wörter wirken merkwürdig. Das liegt daran, daß wir für sie gewöhnlich englische Ausdrücke verwenden. Suche die englischen Ausdrücke, und sprich die Sätze.
b) Suche die Wörter im Wörterbuch, und schreibe sie.
c) Schreibe die Sätze. Anschließend kannst du sie dir diktieren lassen.

E7

Französische Fremdwörter   7.3.
                                     7.3.1.

Chef	Genie	Journalist	Gelee	Chance
charmant	Jongleur	Chaussee	Jalousie	genieren

a) Sprecht diese französischen Fremdwörter, und schreibt sie nach der Schreib- (M)
weise für die Anlaute geordnet.
b) Welche anderen Schreibschwierigkeiten enthalten die Wörter? Unterstreiche
die schwierigen Buchstaben.

                                     7.3.2.

Amateur	Gage	Chauffeur	Ingenieur	Spionage
Et__	Kontroll__	Dompt__	Mass__	Mont__

Diese französischen Fremdwörter haben die schwierigen Endungen -eur und
-age. Schreibe die Wörter, unterstreiche die Endungen, und kontrolliere mit Hilfe
des Wörterbuches.

Lateinische und griechische Fremdwörter   7.4.

Die Lösungswörter des folgenden Rätsels sind lateinische und griechische
Fremdwörter, die mit Ch, Ph, Rh oder Th beginnen:

größere Sängergruppe
völliges Durcheinander
Kurzform für Rheumatismus
Schauspielhaus
gleichmäßige Bewegung
Einbildungskraft
persönliche Eigenart
Ehrenname Jesu
Operationsarzt
Naturlehre
Aufgabe, Überschrift
Maßeinheit der Lautstärke

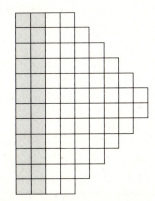

a) Notiere die Wörter, und überprüfe mit Hilfe des Wörterbuches.
b) Wie werden Ch und Ph gesprochen?   (M)
c) Suche im Wörterbuch weitere bekannte Fremdwörter mit Ch, Ph, Rh und Th.

8. Zeichensetzung

8.1. **Komma bei**
(G) **Gliedsätzen und Aufzählungen** (→ D 5.2.1.)

So sichern Sie Ihr Grundstück ...
Eine offene Gartentür lädt jeden geradezu ein der Ihr Grundstück ungebeten betreten will. Schließen Sie daher Tür und Tor auch wenn Sie zu Hause sind. Eine bewährte Einrichtung ist hier auch der elektrische Türöffner der vom Hause aus bedient werden kann. All das nützt jedoch nichts wenn die Tür einfach überklettert werden kann. Deshalb gilt das gleiche wie beim Zaun: ausreichende Höhe stabile Konstruktion betonierte Pfosten kein Treppen- oder Leitereffekt feine Maschen bei Gittertüren.
Büsche sind dekorativ und bieten Sichtschutz den aber auch ungebetene Besucher gern ausnutzen weil er ihnen Deckung bietet. Vermeiden Sie daher hohe, ausladende und dichte Bepflanzung in der Nähe von Türen Treppen Parterre- und Kellerfenstern.
Abgestellte Leitern stehengebliebene Kisten Gartenmöbel Torfballen ja selbst Mülltonnen können findigen Einbrechern eine willkommene Hilfe sein die sie zum Aufstieg benutzen.

_{Nach: Sicher wohnen. Sicherungstechnische Empfehlungen gegen Einbruchsdiebstahl. Hrsg. vom Innenministerium Baden-Württemberg im Auftrag der Innenminister/-senatoren des Bundes und der Länder.}

In diesem Text fehlen die Kommas zwischen Haupt- und Gliedsätzen und die Kommas zwischen Aufzählungen, die nicht mit *und* oder *oder* verbunden sind.

a) Lest den Text vor, und nennt die Zeichen, die ergänzt werden müssen. Begründet die Zeichensetzung.
b) Schreibe den Text mit den Kommas.

8.2. **Kommasetzung bei Appositionen** (→ D 5.3.)

8.2.1.
(G)

Emil ⌄ ein schlauer Dackel gehorcht nur, wenn er will.
Emil, ein schlauer Dackel, gehorcht nur, wenn er will.
Solche nachgestellten „Einschübe", Appositionen, werden durch Kommas abgetrennt.

1. Der Pulk dient zum Transport der Lappenkinder, des Hausrates und der Zelte.
2. Die meisten Fellachen leben in großer Armut.
3. Die Serengeti ist die Heimat riesiger Tierherden.
4. Die Zeiten von Ebbe und Flut kann man in einem besonderen Kalender nachlesen.

ein flacher Transportschlitten   dem Tidenkalender

die Bauern Ägyptens   ein Tierpark in Ostafrika

Stelle diese Einschübe hinter das Wort, auf das sie sich beziehen, und schreibe die Sätze dann mit korrekter Zeichensetzung auf.

Verbinde jeweils Satz und Bild, indem du aus dem Bild eine Apposition oder einen Gliedsatz bildest. Welcher der fünf Sätze braucht besonders nötig eine Erklärung?

8.2.2. (G)

1. Toschihito lernt im Kindergarten Deutsch.
2. Jan kann in seinem Aquarium keine Fische halten.
3. Amadeus läuft nicht gern mit großen Hunden um die Wette.
4. Olaf möchte lieber keine neuen Schlittschuhe haben.
5. Der Admiral war einmal eine Puppe.

Der Gedankenstrich

8.3.

Der Gedankenstrich hebt Einschübe noch stärker hervor als das Komma: Jakob spielt — wie man hier sieht — unterm Apfelbaum ein Lied.

8.3.1.

Aus: *Hans Jürgen Press:* Der kleine Herr Jakob. Mit Versen von *Karlos Thaler.* In: Stern Magazin, Nr. 36, 1978, S. 95.

1. Während Ihrer Abwesenheit sollten alle Fenster stets geschlossen sein.   auch Dachluken
2. Lehrlinge gab es noch vor einigen Jahren viel zu wenige.   man nennt sie heute Auszubildende
3. Plastiktüten belasten die Umwelt.   viele Menschen benutzen sie gedankenlos

Setze die Einschübe mit Gedankenstrichen ein.

Aus: *Dik Browne*: Hägar der Schreckliche. In: Stern Magazin, Nr. 6, 1978, S. 101.

8.3.2. Ein Gedankenstrich kennzeichnet oft auch eine Redepause oder den Abbruch einer Rede. Es können auch drei Punkte (...) stehen.
Klärt, was die Gedankenstriche in der Bildergeschichte anzeigen.

8.3.3. Herr Meier ist gerade nach Hause gekommen, als es an seiner Tür klingelt. Ein Mann steht davor und sagt: „Guten Tag, ich wollte Ihnen nur" Herr Meier unterbricht ihn: „Nein danke, ich kaufe nichts an der Tür!"
„Aber ich will Ihnen gar nichts verkaufen, ich" Wieder läßt Herr Meier ihn nicht ausreden: „Ja, ja, ich kenne die Geschichte schon, und am Ende wollen Sie mir doch etwas andrehen." Der Fremde lächelt und versucht es noch einmal: „Herr Meier, ich will Ihnen nichts andrehen, im Gegenteil, Sie sollten etwas abdrehen!" Herr Meier sieht ihn verständnislos an und wiederholt stockend: „Ich soll etwas abdrehen?"
„Ja, Sie haben nämlich vergessen, Ihr Autolicht auszuschalten!" Der Fremde dreht sich um und geht schmunzelnd weg. Herr Meier ist sehr verlegen. Er ruft hinter dem Fremden her: „Entschuldigen Sie bitte, ich ich vielen Dank!"

(M) a) Spielt das Gespräch zunächst. So könnt ihr herausfinden, an welchen Stellen die Rede unterbrochen oder abgebrochen wird. (→ A 2)
b) Schreibe den Text, und setze dabei die fehlenden Gedankenstriche.

Konjugationstabelle

Infinitiv: fahren (starkes Verb), hören (schwaches Verb)
Partizip Präsens: fahren**d**, hören**d**, **Partizip Perfekt: ge**fahr**en**, **ge**hör**t**

		Person	Präsens	Präteritum	Perfekt		Futur I	
A K T I V	Singular	1. ich 2. du 3. er, sie, es	höre hörst hört	hörte hörtest hörte	habe hast hat	**ge­hört**	werde wirst wird	**hören**
	Plural	1. wir 2. ihr 3. sie	hören hört hören	hörten hörtet hörten	haben habt haben		werden werdet werden	
	Singular	1. ich 2. du 3. er, sie, es	fahre fährst fährt	fuhr fuhrst fuhr	bin bist ist	**gefahren**	werde wirst wird	**fahren**
	Plural	1. wir 2. ihr 3. sie	fahren fahrt fahren	fuhren fuhrt fuhren	sind seid sind		werden werdet werden	

			Präsens		Präteritum	
P A S S I V	Singular	1. ich 2. du 3. er, sie, es	werde wirst wird	**ge**fahr**en**	wurde wurdest wurde	**ge**fahr**en**
	Plural	1. wir 2. ihr 3. sie	werden werdet werden	**ge**hör**t**	wurden wurdet wurden	**ge**hör**t**

			Perfekt		Futur I	
	Singular	1. ich 2. du 3. er, sie, es	bin bist ist	**ge**fahr**en** worden	werde wirst wird	**ge**fahr**en** werden
	Plural	1. wir 2. ihr 3. sie	sind seid sind	**ge**hör**t** worden	werden werdet werden	**ge**hör**t** werden

Sachregister

Abkürzungen D 2
Ableitung E 5
Adjektiv D 5, E 4
Adverb D 6
Adverbial D 6
adverbielle Bestimmung D 6
Aktiv D 7
Anredepronomen D 2, E 4
Anzeige B 6, C 6
Apposition D 5, E 8
Artikel E 3
Attribut D 5
Aufruf B 6, B 7
Aufzählung E 8

Bedeutung C 2, D 1, D 8
Bedeutungsmerkmal D 1, D 8
Bedeutungsübertragung D 8
Befragung B 2
Berichten B 4
Beschreiben B 1
Beschwerde B 8
Bezugsnomen D 5
Bildergeschichte A 4, B 10, B 11, E 8
Bindestrich E 6
Brief B 6, B 8, E 4
Buchstabe C 1, D 1

Code D 2
Comic B 11

Danken A 8
darstellendes Spiel A 4
Demonstrativpronomen E 3
Dialekt D 1

Erzählen B 9, B 10, B 11
Erzählgedicht C 5
Erzählperspektive B 10
Eulenspiegeleien B 9, C 3

Fachsprache D 1
Fragebogen B 2
Fragen A 9, B 2
Fragen zurückweisen A 9
Fremdwort E 1, E 3, E 7

Gedankenstrich E 8
Gedicht C 2, C 5, D 8
Gedichte sprechen A 2, A 3, C 1, C 5
Genitivattribut D 5
Geschichten erzählen A 4, C 4, C 6
Geschichten erfinden B 9, B 10, B 11, C 2, C 4
Gespräch A 1, A 7
Gesprächseinleitung A 1
Gleichsetzung D 4
Gliedsatz D 5, D 6, E 8
grammatisches Geschlecht D 2

Handzettel B 7
Hauptsatz D 5, E 8
Hörspiel A 2

Infinitiv E 6
Informationen einholen B 2
Informationen geben B 1, C 6

Karteikarte B 2
Kasus D 3
Komma E 8
Konjunktion D 6
Konsonant E 2, E 3
Konsonantenverbindung E 2
Kontakt knüpfen A 1, B 6
Kürzezeichen E 1

Längezeichen E 1
Laut C 1, D 1
Lügengeschichte C 4

Mehrdeutigkeiten C 2, C 3, D 8
Metapher D 8

Nomen D 3, D 5, E 3, E 4
nominales Satzglied D 3, D 5
Notieren B 2, B 4

Objekt D 3
Ordnungszahl E 4

Pantomime A 4
Parenthese D 5, E 8
Partizip Perfekt D 7
Passiv D 7
Personalpronomen D 5
Piktogramm E 1
Plakat B 7
Planen B 1, B 4
Plural E 3
Pointe C 3, C 4, C 5
Prädikat D 3, D 4
Prädikativ D 4
Prädikatskern D 3
Prädikatsnomen D 4
Präposition D 3, D 5
Protokoll B 5
Probleme besprechen A 6, A 7

Redeabsicht C 6
Rede halten A 6
Relativsatz D 5
Rollenspiel A 1, A 8, A 9, B 4, B 8

Satzglied D 3, D 5, D 6
Scharade A 4
Schreibspiel C 3
sich beschweren B 8
Singular E 3
Spielregeln B 3
Sprachzeichen D 1
Sprechausdruck A 2, A 3

142

Sprechsituation A 1, A 8, A 9
Stamm E 5
stimmhaft E 3
stimmlos E 3
Subjekt D 3

Text sprechen A 2, A 3
Theater spielen A 4

Überzeugen A 6
Umlaut E 5

Verb D 3, D 7, E 1, E 3, E 4, E 6
   schwaches E 5
   starkes E 5
Verbalgruppe D 3
Verbform E 5
Vokale E 1

Wendung, feste E 6
Werbung C 6, D 8
Witz A 4, C 3, D 8
Wortart D 3

Wortbildung E 3, E 5, E 6
Wort-Bild-Text C 6

Zahlwort E 4
Zeichensetzung E 8
Zeitungsbericht B 5
Zusammensetzung E 5, E 6

Inhaltsverzeichnis

Teil A	1.	Miteinander sprechen	3
	2.	Wie spricht man das?	6
	3.	Texte sprechen	10
	4.	Wir spielen Theater	13
	5.	Einfälle haben	16
	6.	Aufrufe zum Handeln	18
	7.	Probleme besprechen	21
	8.	Sich bedanken	23
	9.	Sich nicht ausfragen lassen	25
Teil B	1.	Einen Rundgang planen und beschreiben	28
	2.	Eine Kartei anlegen	31
	3.	Spielregeln aufschreiben	36
	4.	Planen	38
	5.	Über einen Vorfall berichten	40
	6.	Schriftlich Verbindung aufnehmen	44
	7.	Jemanden für etwas gewinnen	46
	8.	Sich beschweren	48
	9.	Eulenspiegeleien	51
	10.	Erzählen aus verschiedenen Perspektiven	52
	11.	Einen Comic basteln	54

Teil C	1. Laut und Buchstabe	57
	2. Spiele mit Wörtern und Wortbedeutungen	58
	3. Mehrdeutigkeit und Mißverstehen	61
	4. Erzähltechniken	64
	5. Erzählgedicht	67
	6. Redeabsicht und Mitteilungstechniken	69
Teil D	1. Sprachzeichen	73
	2. Code	79
	3. Subjekt und Objekte	83
	4. Prädikative / Gleichsetzungen	87
	5. Attribute	88
	6. Adverbial (adverbielle Bestimmung)	94
	7. Aktiv und Passiv	98
	8. Mehrdeutige Wörter und Metaphern	102
Teil E	1. Schreibung langer und kurzer Vokale	108
	2. Schwierige Konsonanten und Konsonantenverbindungen	113
	3. Schreibung stimmloser s-Laute	115
	4. Groß- und Kleinschreibung	122
	5. Stammwortschreibung	128
	6. Zusammen- und Getrenntschreibung	131
	7. Fremdwörter	135
	8. Zeichensetzung	138
Konjugationstabelle		141
Sachregister		142